요한계시록 뒷조사

우리의
세계와 일상을
재창조할 것을
촉구하는 책

요한계시록 뒷조사

Investigations on the Book of Revelation

글 김민석
그림 최대위

새물결플러스

차례

모태신앙이었던 나의 어린 시절에 요한계시록은 무서운 책이었다. 피와 전쟁, 지구에 떨어지는 온갖 재난을 연상시키는 내용 때문에, 그리고 문화 콘텐츠 속에서 소비된 요한계시록의 기괴하고 음모론적인 이미지 때문에, 나는 대학 시절까지도 요한계시록을 제대로 읽어보고 싶은 생각이 들지 않았다.

내가 요한계시록의 내용에 관심을 조금이라도 가지게 된 계기는 '천년왕국'에 대한 논쟁들 때문이었다. 하나님 나라는 어떻게 이루어질까? 예수님은 어떻게 재림하실까? 사실상 답이 없고 막막한 이러한 질문들에 대해 천년왕국 논쟁이 어떤 유효한 가능성을 보여주는 것 같았기 때문이다. 하지만 그 논쟁조차도 결국엔 조금 허망했다. 게다가 휴거, 7년 대환난, 다니엘서의 짐승들과 요한계시록의 짐승들, 적그리스도와 일루미나티, 베리칩 등과 같은 극단적인 세대주의에서 출발한 이미지들이 하도 횡행하고 있어서, 요한계시록과 관련한 담론들은 결국 그 극단과의 싸움에 거의 모든 초점이 맞춰져 있었다. 그래서 세대주의의 이미지에 딱히 관심이 없는 그리스도인들은 요한계시록에 관심을 가질 이유를 더 찾기 어려운 것 같다. 특히 이제 막 복음서 공부를 통해 '이 땅에 이루어질 하나님 나라'에 대한 소망과 고민을 키워가고 있던 내게 요한계시록에 대한 그 전까지의 막연한 이미지는 커다란 장벽이 되었다.

요한계시록에 대해 갖고 있던 내 고정관념들은 마이클 고먼의 『요한계시록 바르게 읽기』를 읽고 깨졌다. 계시록 본문의 관심은 적그리스도나, 세상의 파멸보다는, '어린양', '하나님의 백성' 그리고 '제국'에 있었다. 어린양, 즉 예수를 따를 것인가? 아니면 로마 제국의 시스템을 따를 것인가? 그 죄악의 시스템에 그대로 참여하고 살 것인가? 아니면 '거기서 나올 것인가?'(계 18:4) 그 관점에서 보니 요한계시록은 오늘날 내가 살아가고 있는 이 현실과 아무 관련 없는 '종말 이야기'에서 그치지 않았다. 국가와 사회가 요구하는 시스템 앞에서 나는, 그리고 교회는 어떠한 시선과 태도를 지닐 것인가를 요한계시록은 묻고 있었다. 관심이 생겼고, 뒤이어 수많은 질문이 생겨났다. 마침내 나는 '복음서 뒷조사' 시리즈 다섯 번째 작품으로 요한계시록을 탐구해야겠다고 마음먹었다.

에끌툰의 첫 SF 작품에 작화를 맡아 정말 고생이 많았던 최대위 작가에게 먼저 감사 인사를 전한다. 2020년 5월부터 2021년 3월까지, 총 44화 분량의 웹툰으로 연재된 이 작품을 끝까지 함께 읽어주신 모든 독자님께도 감사드린다. 늘 기독교 웹툰 작가들을 응원해주시고, 이번에도 단행본 출간을 허락해주신 새물결플러스의 김요한 대표님께도 큰 감사를 드리며, 편집과 디자인으로 수고해주신 새물결플러스의 편집자님과 디자이너님들께도 감사드린다.

독자님들께서 이 작품을 어떻게 읽으실지 궁금하다. 기존에 요한계시록이 설명되어온 방식과는 조금 다른 측면을 다루려고 많이 노력했다. 그것이 독자 여러분의 신앙과 삶에 조금이나마 다가갔기를, 그래서 여전히 난해하기 이를 데 없는 요한계시록을 읽는 데 도움이 되는 렌즈를 하나 제공해드렸기를 소망해본다.

2021년 5월

김민석

Chapter

01

택함 받은 국가

2148년 7월 30일
바른공화국 수도 '올바른'
아
아
아
아
난 지금 사이비 종교에 들어와 있다.
정유민(21)

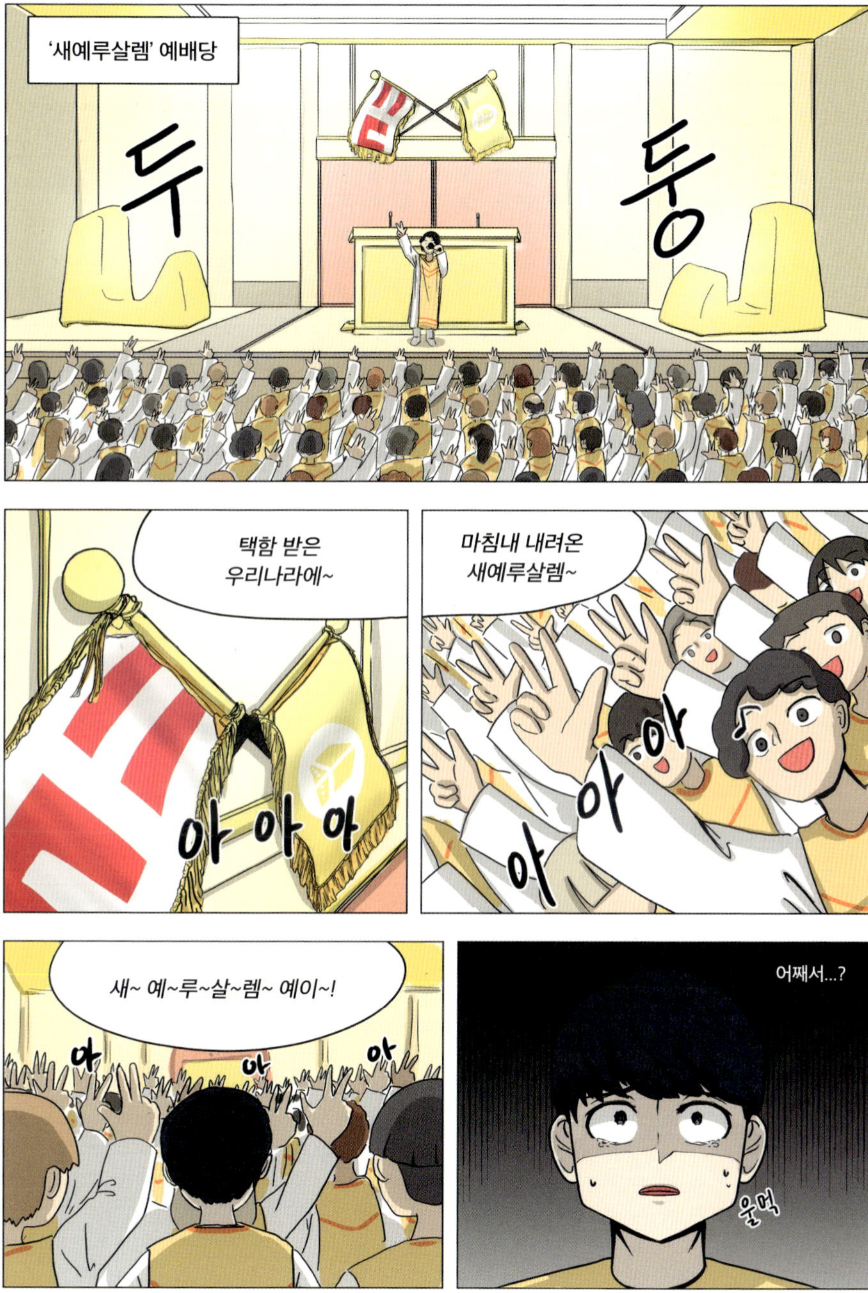
'새예루살렘' 예배당
두
둥
택함 받은
우리나라에~
아 아 아
마침내 내려온
새예루살렘~
아 아 아
새~ 예~루~살~렘~ 예이~!
아
아
아
어째서...?
울먹

분명히... 진로 상담으로
시작했다.
같이 진로 상담받던 사람 중엔
우리 과 동기도 한 명 있었고.
최첨단 뇌파 분석이라며,
적성 진단을 받고
'교수님'이라는 분을 소개받았다.
그 교수님은 내가 기독교인 부모 밑에서
자랐다는 걸 알고 반가워하셨고
유민 형제님,
교회 다니셨어요?
아, 대학 오기
전까진 다녔는데ㅎㅎ
지금은 뭐...
그렇구나.
성경 속에 담긴 각종 지혜를
얻어서 진로를 설정해보자고 했다.
짠
난 나쁠 거 없다는 생각에 그 '교수님'과
매주 성경공부를 시작했다.

점점 더 내 진로와는
별 상관없는 공부가 이어졌지만
남들은 모르는 성경의 비밀을
깨달아가는 느낌이라
멈출 수가 없었다.
설명하자면 길지만, 아무튼 결론은
내 인생이 성공의 길을 가려면
요한계시록의 '흰말 탄 분'을 알아야 한단 것이었다.
짜
잔
!!
그럼... 이 흰말 탄 분이
누구죠?

그래. 너도 이제
그분을 만날 때가 됐구나.
?
쓰윽
그리고 나는 오늘
그분을 만났고
들어오십니다!
와
와
그분은 세간에 사이비 종교
'새예루살렘'의 교주로 유명한
금만홍이었다.
우리의
새예루살렘!
금.만.홍.
교주님!
와아
택함 받은 우리나라에~
마침내 내려온
새예루살렘~
새~ 예~루~살~렘~
예이~!
나는 이곳의 정체를 깨닫게 된 그 와중에도

세상은 저분을
사이비 종교 교주로
알고 있지만
사실 저분이야말로
하나님이 보내신
흰말 탄 분이 아닐까?
...라는 생각이 1초간 스쳐서
나 스스로가 무서워졌고
소름...
즉시 탈출을 감행했다.
뭔가 잘못됐다.
난 여길 빠져나가야겠어.
후다닥
좀 더 있다간 완전
세뇌당하겠네, XX!!
스윽
......
어디서도 본 적 없는
그 인자한 표정...
하
하
하
헤...
아니야악
!!!!

도무지 길을 알 수 없는
내 인생을 바로잡아줄 분이
어쩌면...
헤
아니라고옥
!!!!!!
유민
형제!
히익!!
다
다
다
유민 형제!
무슨 맘인지 이해해!
으아아
따라오지 마세요!
정신차려!
정신!
뒤돌아보면 안 된다!
붙잡히면 맘 약해져서
다시 설득될 게 뻔해!
후다닥
꽤 달린 거 같은데 이제는
안 쫓아오겠지...?
유민 형제엑!!!
미친,
계속
쫓아오잖아!!

슈우욱
?!
스윽
부웅
!!!!
망했다..
지금 나 하나 잡으려고
비행선까지???
스르륵

나오라(22)
어엉?
?!
예쁘게 생긴
인간 하나를
이상하게 생긴 인간
하나가 뒤쫓고 있군.

둘 중에 내 군사로
더 적합한 인간은...
아니야, 나오라.
둘 다 별로니까 그냥 가자.
탁
어?
예쁘게 생긴
인간이다.
휙
아!!
바둥
바둥
아, 거 말
더럽게 안 듣네.
가자.
탁!
으아악!
뭐...뭐야 저건??

…
뭐냐, 넌??
너.
내 군사가 되어줄래?

언제부터인진 모르지만
우리 집에는 늘 우리나라 국기가 걸려 있었다.
해수면의 추가 상승으로 세계가 또 한 번 위험에 빠졌습니다.
하지만 정부는 이번에도, 난민의 입국을 거부했습니다.
저 앵커는 어느 나라 사람이야?
정부가 나라를 지키려고 하는 거를 왜 저렇게 나쁘게 말해?
아직도 방송 쪽에는 하나님 안 믿는 사람이 많다던데, 그래서 그런가 봐요.
그게 하나님 안 믿는 거랑 무슨 상관이야?

유민아.
?
우리 바른공화국은
하나님께서 택하신 나라야.
세계 곳곳이 죄로 타락해서
저렇게 심판을 받는 와중에도
우리나라는 왜 전혀 피해가 없겠니?
HELP
10년 전부터 이 나라에
거룩한 정부가 들어서서
그런 거야.
피해가 정말 없긴 했다.
내륙에 위치해 있어서 해수면 상승의
피해를 입을 일도 없었지만
세계 곳곳을 강타한 홍수 피해도
우리나라는 거의 없다시피 했고

바이러스가 유행할 때도 외국인이든 자국민이든
입국자를 전면 차단해서
감염자가 발생하지 않았다.
바이러스
청정국가
그러니까 늘 감사함으로
살아야 한다, 유민아.
알았지?
...하지만
저 사람들은 어떡해?
HELP
팟
내가 고등학생이 됐을 즈음엔
교회 예배당에도 큼직한 국기가 걸렸고

바른공화국 국민의례가
예배 순서에 포함되었다.
모두 자리에서
일어나 주십시오.
나는 신의 택함을 받은 바른
공화국의 자랑스러운 국민으로서,
이 나라의 무궁한 영광을 위하여,
야, 나 봐봐.
두
둥
탁
몸과 마음을 바쳐 충성을 다할 것을
엄숙히 선언합니다.
뿌 만 편
듯 족 안
교회에서 제일 친했던 단이는
내가 처음으로 좋아한
여자애이기도 했다.

하지만 몇 주 후에 단이와 단이 어머님은 교회 입구에서 출입을 금지당했다.
아니, 왜 갑자기 교회에서 신분 확인을...
교단 방침이고요.
두 분은 불법체류자 가족이셔서 들어가실 수가 없습니다.
나는 그때 단이와 단이 어머님에게 쏟아진 경멸의 눈빛들을 잊을 수가 없다.
회는 당신을 언제나 환영합니다
특히 우리 엄마, 아빠의 눈빛.
부모님이 미웠고,
나는 신의 택함을 받은 바른공화국의
교회가 미웠고
자랑스러운 국민으로서 이 나라의 무궁한 영광을 위하여,
단이에게 아무것도 해줄 수가 없는 나 자신도 미웠다.
몸과 마음을 바쳐 충성을 다할 것을 엄숙히 선언합니다.

이후에, 집에서 멀리 떨어진
도시에 있는 대학으로 간 건
다니던 교회와 부모님으로부터
최대한 벗어나기 위해서였다.
그리고 내 인생의 길을
스스로 찾아 나가겠다
마음먹고
진로 상담을 받았는데...
하필 거기가 미친 사이비 종교여서
나는 또다시 벗어나야 했고
지금 내 눈앞에는
사이비 종교보다
더 이상해 보이는,
괴상한 옷을 입은 여자애가
자기 군사가 되어달라는
정신 나간 소리를 하고 있다.
군사 긔?

울
컥
아, 왜!! 내 인생
왜 자꾸 이딴 식으로
흘러가는 거야!!!
빼액
아,
소리 지르지 마!
휙
휙
퍽
아악!!
스윽
앞에 보라색 비행선~
착륙하세요.
야, 내 군사가
되어달라니까?
아니, 미친ㅋㅋ
너, 뭐냐고!!
정체가 뭔데!!
버럭

나오라.
왜?
경찰이 따라와.
거기 보라색~ 착륙하세요.
등록되지 않은 비행선입니다.
등록되지 않은 비행선?
?
야, 너네 무슨 범죄 집단이지? 어?
아... 짜증나.
일단 이동하자.
휙
아니,
멈추라니까
보라색!!
감히 바른공화국
경찰을 상대로 추격전을
펼치시겠
슈
POLICE
웅
다..?

치직
치직
부
웅
스윽
어... 여긴 내 자취방 건물 옥상이잖아.
스윽
응?
너, 내려. 집에 가.
악
꾹
꾹
뭐하는 거야? 얘는 내 첫 번째 군사라고!
탁
내가 왜 네 군사야!!
나오라, 이 아이는 적합하지 않아.
휙
팟

얼굴만 반반하지.
머릿속은 텅 비어 있을걸?
뜨끔
좀 진정하고 찬찬히
군사를 찾아보는
게 어ㄸ..
지금 찬찬히
찾을 시간이 어딨어!
이러다가 엄마가...
버럭
엄마가 죽으면 어떡하냐고...
...?
갑분싸..
엄마가... 왜 죽어?

Chapter

02

인류를 위하여

바빌로니아 행성의
마모니안들 때문에.
그게 뭐지...
뭐, 외계인 같은 거야?
......
너 마모니안들을 몰라?
어... 정유민...
21세...
위잉
지금 이 유민이라는 친구가 사는
나라에는 정보가 많이 막혀 있네.
위잉
인류가 우주 정착을
시작했다는 것도 모를 듯?
우주 정착?
그거 옛날에 다 실패했던
거 아냐?
지금이 기원후 2148년이니까,
우주 정착은 지금으로부터
한 90년 전부터 시작됐음.
슈
웅

현재는 20여 개의 행성에
인류가 거주 중이고.
아니... 너희 말이 사실이라면,
우리 정부가 인류의 우주 정착
사실을 굳이 왜 숨겨?
......
사실... 우주에 정착한
다른 인간들은 지구를 이미
망한 곳으로 생각해.
뭐?
그리고 지구에선 이제 사람들을
대규모 이주시킬 만한 에너지 자원을
쓸 수가 없기 때문에
아예 우주 정착에 대한 생각 자체를
하지 않게 만들려고 한 거 같음.
지금 그게 문제가 아니고...
그냥 인류 자체가 망하게
생겼다고. 마모니안들 때문에.

그럼 너희는 어디서 온 거야?
테라페이아에서 왔어. 우리 엄마가 인류 최고의 터전으로 직접 일궈낸 행성이야.
아마 인류가 정착한 행성들 중에 제일 다양한 작물을 재배할 수 있는 곳일걸...
근데 수십 년 공을 들여온 그곳을...
마모니안들이 점령해서 단 몇 주 만에 망가뜨려놨어.
대항하려고 했던 나 같은 군인들은 전부 행성 밖으로 추방되고...
엄마는 붙잡혀 있어...

그래서 군사를 모으려는 거였구나...
근데... ㅎㅎㅎ 지구의 인간들이 대체 왜 널 위해 싸워줘야 하지?
...엄마는 늘 지구에 남아 있는 인간들을 생각해왔어.
언젠가 그들을 다 테라페이아로 데려오겠다고 하셨거든.
난 지구를 안 떠나고 싶은데?
지구는 가망이 없어.
지구가 회복되려면 적어도 21세기 초반부터 애를 썼어야 해. 하지만 그러지 않았지.
돌이킬 수 있는 지점을 이미 넘겼고, 인간이 지구에서 살 수 있는 땅은 계속 사라져갈 거야.

HELP
알았어,
강요하진 않을게.
휙
위이잉

설사 쟤네 말이 다 진짜라고 해도
굳이 내가 왜...
그래 그냥 다 잊어버리자, 내일은 내일의 태양이...
유민 형제! 이제 왔구나!
으아아아아아아악!!!
유민 형제, 우리 얘기 좀 해!
아니, 내 자취방은 어떻게 안 거예요!!
후다닥

아니야!!!
유민 형제,
달리는 거
좋아하는구나!
나도 좋아하는데.
다다다
설마 벌써 갔나...?
아, 아직 있다!
저기,
나 좀 도와줘엉!!
으아아앙
스윽
우웅
중얼
중얼

그만두어라.
흐어어
어... 어떻게 한 거야?
털썩
뇌파 음성 전달인데...
너무 세게 보냈나...
기절할 줄은 몰랐네.
만지작
아...
이젠 놀랍지도 않아...
무슨 신의 음성이라고
생각했을 수도 있겠다.
뭐? 신의 음성?

저 사람은 '새예루살렘'이라는 사이비 종교에 빠져 있거든.
?
뭐야, 그게...?
아... 나오라, 아직 지구엔 '종교'라는 게 있어.
초월적인 신의 존재를 믿고, 특정한 경전을 보며 모이는 인간들의 모임 활동이지.
슉
그렇군.
사이비 종교는 정말 무서워. 나도 오늘까지 거기 있다가 탈출했는데...
사람을 기가 막히게 끌어모아서 완전 세뇌를 시켜버린다니까.
솔깃
사람을... 기가 막히게 끌어모아?
응.
휙

탁!
그러니까... 사이비 종교를 만들면,
사람을 끌어모으기 쉽다는 거지?
어... 그렇.
스윽
!...
야! 너, 설마!
턱!
턱!
나, 사이비 종교 만들어볼래!!

경
악
사이비 종교는 어떻게 하면
만들 수 있어? 너 그런 곳에 있다
나왔다며?
야, 하얀 로봇...
얘 좀 말려봐...
난 하얀 로봇이 아니고,
나오라의 반려냉장고
'루이스'야.
반려냉장고...
그리고...
위 잉
유민이 네 말이 맞네.
사이비 종교는 지구 역사를
통틀어서...
추종자를 끌어모으는
가장 강력하고 효율적인
방식이었어!
좋았어!!
버럭
그, 그만해
이 미친X들아!

지구상에 있는 다른 모든 사이비 종교를 다 파멸시킬 정도로
강력하고 무시무시한 사이비 종교를 만들겠어!!
더 이상은 안 돼...!
내 인생 여기서 더 꼬이면 안 돼!
휙
갸악!
주여...
넙죽
당신을 지금껏 제가 몰라뵈었나이다...
뭐, 뭐라는 거야!
당신 뒷모습에서 "그만두어라"는 음성이 들렸을 때 저는 깨달았습니다...

정유민 당신이 바로
우리가 그토록 기다려왔던
진정한 하나님의
사자라는 것을!
거
룩
호오...
루이스, 너도 지금 나랑
같은 생각했지?
그런 거 같은데.
유민이를
씨
익
교주로 만들자!
질럭
질럭

저기 교수님, 아까 그건
내 목소리가 아니...
그래 잘하였다,
착하고 충성된 종아!
으허억!
예! 예, 주님!
아,
아니라고옥!!!!
이제 너는 나를
따를지니라!
그러겠습니다!
당신만 따르겠습니다!
야이,
자식들아!!!
흐어어
뭐야, 또 기절했어?
털썩

외계에서 온 이 녀석들은 날 사이비 종교 교주로 세우려고 하고
벌써 추종자도 한 명 생겨버렸다.
그냥... 망한 거 같다.
허허
방 좋다.
아아아아
나, 여기서 당분간 좀 지내도 돼?
휙

안 돼!!
아, 진짜…
버럭
쳇
인류를 위한 일인데도 협조를 안 하네.
알잖아, 나오라.
이미 100년 전부터 지구의 인간들은 '인류'를 위해서 행동한 적이 없어.
오직 자신이 속한 '국가'를 위해서만 행동했지.
……
야.
왜?
네가 나한테 협조를 해주면, 내가 네 소원 하나 들어줄게. 그럼 어때?
소원 그딴 거 없거든?
빠직
…!

단이를 찾고 싶어.
뭐? 그게 누군데?
?
내가 좋아하는 여자애야.
불법체류자라서
아무 데서도 환영 못 받고
힘들게 살고 있을 거야.
찾아줄게.
정말? 가능해?
!
응. 루이스가 있잖아.
루이스만 믿으라구
ㅋㅋㅋ냉장고로
뭘 어떻게 한단 거임?

나...나는 그냥 냉장고가
ㅂㄷ
ㅂㄷ
아니야앗!!
어억..
슉
슉
펑!
우와.
가끔 이래. 열 받으면
뭘 구워내더라고.
아,아무튼 난 반려냉장고 중에서도
정보수집 능력이 매우 뛰어난 기종임.
일반냉장고 취급하지 마셈.
그럼 단이를
꼭 찾아줘.
교주가 되기로 약속한다면,
단이는 꼭 찾아주겠음.
탁
탁

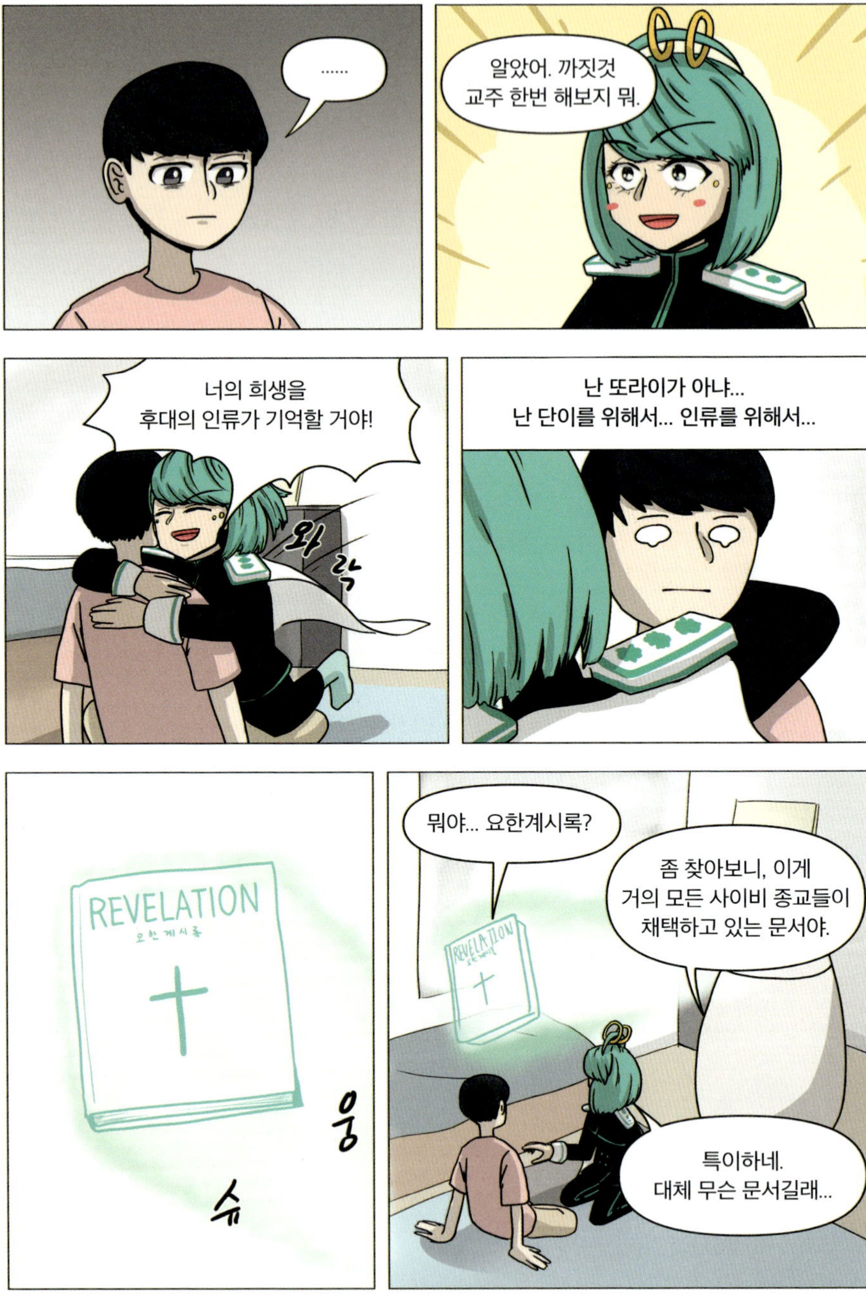
……
알았어. 까짓것
교주 한번 해보지 뭐.
너의 희생을
후대의 인류가 기억할 거야!
와락
난 또라이가 아냐…
난 단이를 위해서… 인류를 위해서…
REVELATION
웅
슈
뭐야… 요한계시록?
좀 찾아보니, 이게
거의 모든 사이비 종교들이
채택하고 있는 문서야.
특이하네.
대체 무슨 문서길래…

아! 유민이 너는
사이비 종교에 있었으니까
어떤 내용인지 잘 알겠다?
휙
어...
사실
잘 몰라......
......
일단 이 문서 내용을
빨리 파악해야 사이비 종교든 뭐든
만들 수 있을 듯?
REVELATION

진짜 하나님의 사자를
발견했습니다!
그니까 당신은
흰말 탄 자가 아니었어!
......
저도 그분의 얼굴을
보고 싶군요.
그 하나님의 사자가...
누굽니까?

Chapter

03

묵시문학?

그분의 이름은 정유민!
거 룩
보랏빛 비행선을 타고 운행하시며!
둥
둥
그의 좌우엔 천사 같은 자 둘이 호위하였으며!
샤방
샤방
그의 음성은 내 온몸을 진동시켰나니!
꺄아
금만홍 당신도 가서 그를 영접하는 게 좋을 듯?
슥
교주님한테 지금 누굴 영접하라 마라야!!
버럭
아니...
그래요, 제가 그분을 영접하러 가야겠습니다.
박 교수님이 좀 인도해주시지요.
좋습니다, 따라오시죠.

펄럭
이 문서가 사이비 종교한테
인기 있는 이유가 뭐야?
흠..
아마... 미래에 일어날 일을
예언해둔 책이라 그럴걸?
오... 그래도 너
조금은 아네? 예언이
담긴 책이란 거야?
ㅇㅇ 내가 있었던 사이비 종교의 금만홍도
이 책에 예언된 '흰말 탄 자'가 본인이라고 해서
교주가 됐으니까.
오호...
그럼 우리 유민 교주님한테도
예언 하나를 맞춰줘야겠구먼?
여~러 가지
상징 이미지들이 많이
담겨 있네.
괜찮은 거
좀 찾아보자.

음... 이거?
오오오!
아, 치워, 이런 거!!
으악
아니면, 이거?
오호오오~!!
666
아, 치우라고!
이거 다 악당 같은 것들이잖악!!!
아
장난이었어.
지구인들이란ㅋ
픽
검색을 좀 해보니,
이 문서는 단순히 예언만 기록한
책은 아닌 거 같음.
그래?

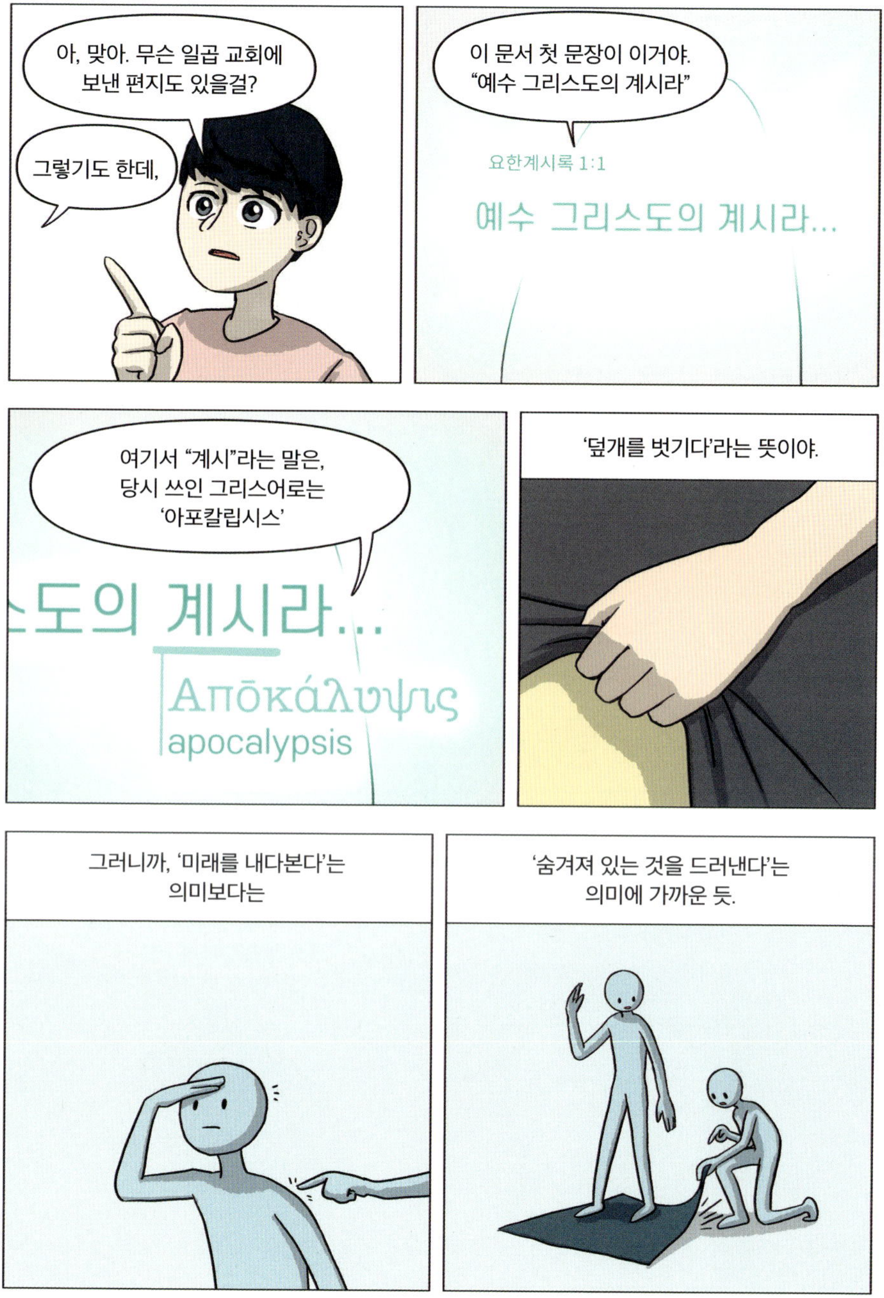
아, 맞아. 무슨 일곱 교회에
보낸 편지도 있을걸?
그렇기도 한데,
이 문서 첫 문장이 이거야.
"예수 그리스도의 계시라"
요한계시록 1:1
예수 그리스도의 계시라...
여기서 "계시"라는 말은,
당시 쓰인 그리스어로는
'아포칼립시스'
스도의 계시라...
Απōκάλυψις
apocalypsis
'덮개를 벗기다'라는 뜻이야.
그러니까, '미래를 내다본다'는
의미보다는
'숨겨져 있는 것을 드러낸다'는
의미에 가까운 듯.

숨겨져 있는 게
뭔데?
그건 이 문서를
읽어보면 알겠지.
아무튼 이 요한계시록은
그런 의미에서
'묵시문학'으로 분류되네.
묵시문학
묵시문학?
ㅇㅇ 한마디로 정의하긴
좀 어려운 개념 같은데...
좀 풀어서 얘기하자면
에...
어떤 악한 구조에서 살아가는 사람들에게
소망을 주기 위해 쓰이는 형식임.[1]
악과 억압들을 상징적인 언어로 폭로해서,
사람들이 그 악에 저항하도록 독려해주고[2]
신이 결국에는 그 악을
처단하시리라는 걸 신뢰하게 해서,
사람들이 소망을 갖게 하는 거지.[3]

흠... 그런 내용이면 요즘 시대엔
별로 소용없을 거 같은데.
왜?
악한 구조니, 억압이니
그런 거 없으니까.
여기 바른공화국에는.
다들 만족하며 잘 살고 있거든
여기가 이 지구상에서 제일 안전한
나라이기도 하고.
정말
그렇게 생각해?
네 친구 단이는
고통받고 있을 거라며?
......
단이 앞에서도 그렇게 말할 수 있겠어?
바른공화국에는 악과 억압이 없다고?

아니 난, 사람들이 대부분
그렇게 생각할 거란 말이었지...
난 네 생각을 물어본 거야.
......
HELP
고통받는 사람들은...
분명 있는 거 같아.
그럼 뭔가 잘못된
거 아닐까?
일단은... 요한계시록이 무슨 악을
폭로하는지부터 봐야 할 거 같은데.

요한계시록은 로마 제국의
악한 구조들을 주로 드러내고 있음.
SPQR
로마 제국?
그때 쓰인 문서야?
ㅇㅇ
근데 로마 제국 정도면
꽤 괜찮은 제국 아녔나...
어떤 악이 있었지?
요한계시록에 나오는
로마 제국은...
?
이렇게 묘사되는,
아주 끔찍한 곳인데...
아냐냐
버럭
아악, 이런 거
씌우지 말라곩!!
이게 요한계시록이
과장한 건지, 실제로 끔찍했는지는
좀 살펴봐야 할 듯.
....?
야, 잠깐만.
그 교수라는 사람 어디 갔어?
?

휑-
어라…?
끼익
정유민 님이
사는 곳이 여깁니다.
자, 그럼
영접하러 갑시다.
두
둥

어디 가신 거야??
후다닥
어! 교ㅅ..
!!!
스
윽
쾅
진짜 망했다...

왜 그래?
교수님이... 새예루살렘 교주 금만홍을 데려왔어...
...왜?
?
왜긴 왜야, 나 잡으러 온 거겠지!!
야, 어떡하지? 어? 뭐 창문으로 도망 나갈 방법 없나?
아, 그래! 루이스! 원격으로 비행선을 창문 쪽으로 불러!
...미안한데 우리 비행선은 원격으로 못 불러.
아, 왜?? 아니, 웜홀 만들어 이동하는 비행선이 원격 조종도 안 된다고??

보안상 나오라가
그렇게 설정해놓은
거임. 나오라 지문이
없으면 안 돼.
아악!!!!
저벅
저벅
저벅
저벅
저벅
저벅
유민아.
왜?
금만홍을
그냥 맞이하자.
맞이하자니?
어쩌자고??
맞이해서...
스
윽

교주 대 교주로
파악
한판 붙어.
어, 문이 열렸네?
슥
악
훅
......

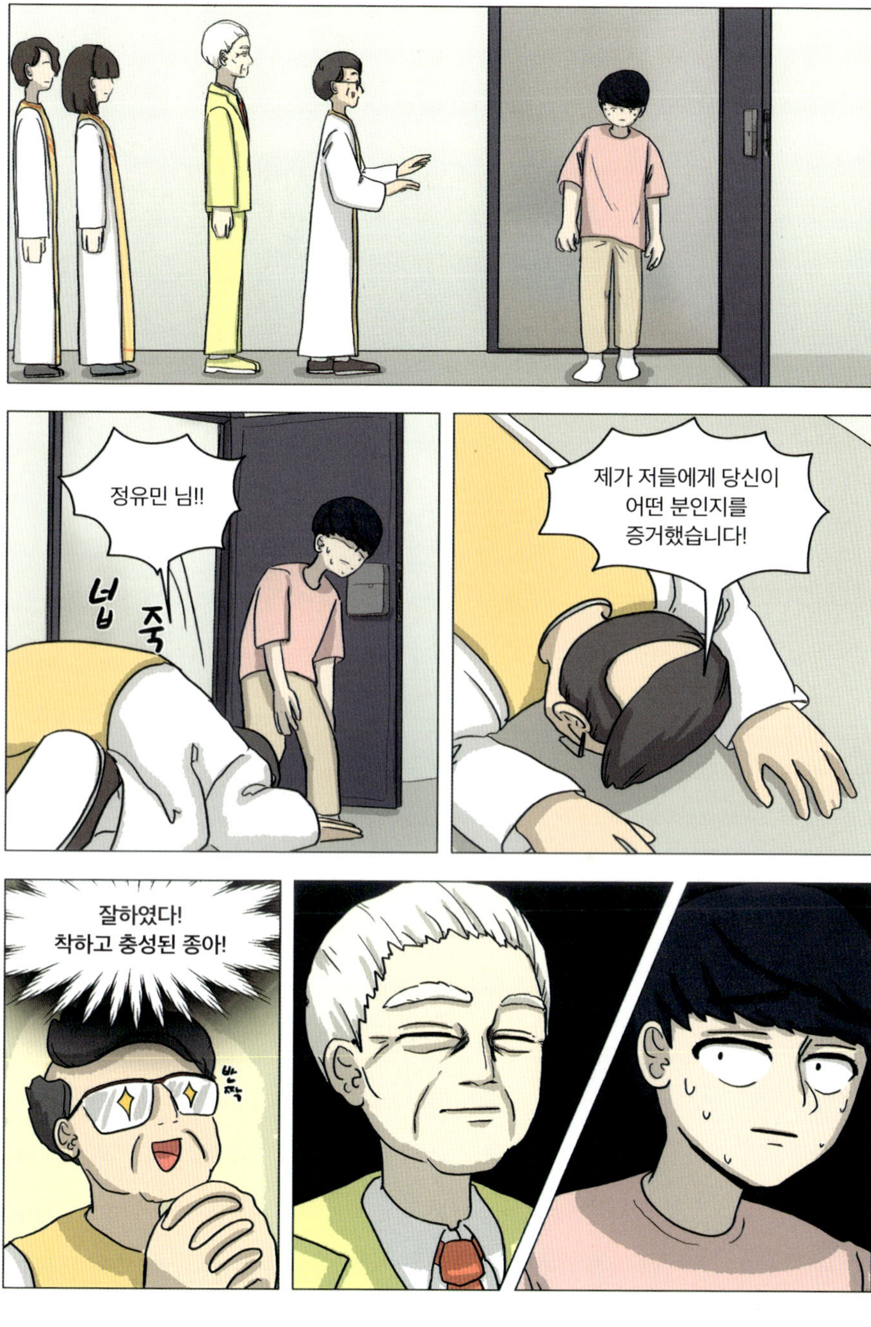
정유민 님!!
넙
죽
제가 저들에게 당신이
어떤 분인지를
증거했습니다!
잘하였다!
착하고 충성된 종아!
반짝

빨리 좀 보내봐!
아, 검색 중임.
금만홍 정보들.
우
웅
예전에도 정유민
당신 같은 자들이
있었지요.
우리 새예루살렘에서 진리를
깨닫는 원리들만 쏙 배워가서
자기 사리사욕을 채우려고
새 패거리를 만드는 작자들이.
우
웅
어찌하여 너의 이야기를
나에게 하느냐?
!!

뭐지, 이 환청은?
저 녀석이 한 건가...?
아... 하하... 어디서
무슨 기술 하나 배워온
모양이로군요.
너야말로 30대 시절
'씨뿌리는사람들'에 있다가
'씨뿌리는사람들' 부회장직에 뽑히지
못한 것에 앙심을 품고 나와서
금안홍
네 뱃속을 채우려고
'새예루살렘'을 조직한 것 아니냐?
어디서 헛소문을
듣고 와서!!
이제는 내려놓아라.
버럭
나는 너를 안다.

네가 얼마나 힘들게 살아왔는지도 안다.
부모 없이 살아온 너의 어린 시절.
20대 시절, 친척 보증을 잘못 서서 떠안은 빚더미.
하지만 아무도 너를 도와주지 않았지.
네가 다니던 교회에서는 네가 교회의 재정 비리를 지적한 청년 중 한 명이어서
교인들의 헌금 30억은 어디로 빼돌렸나
네가 하나님의 저주를 받은 것이라고 수군대기만 했지.
네가 '씨뿌리는사람들' 같은 이단에 들어가게 된 건 도무지 위로받을 곳이 없어서였지.

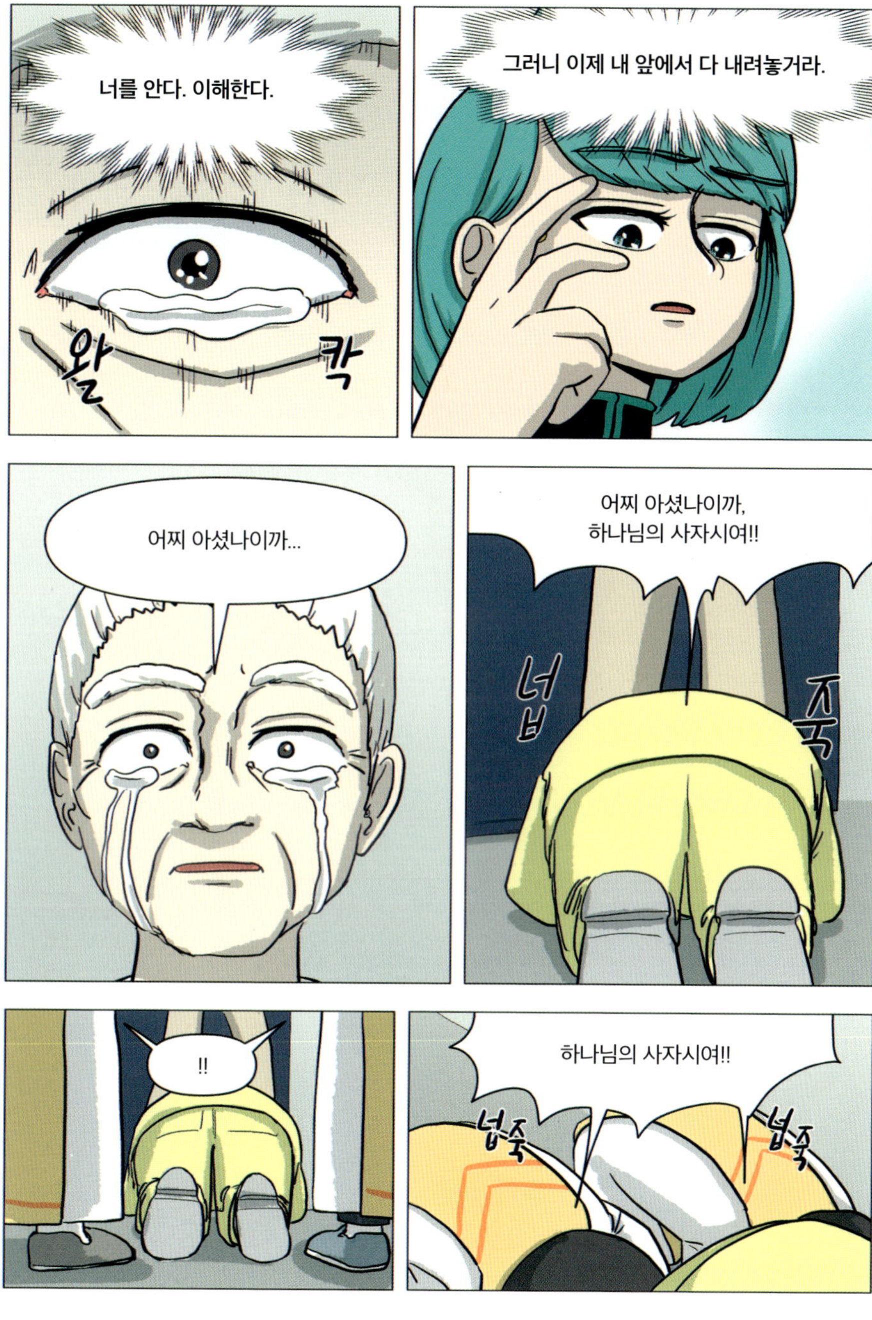

너를 안다. 이해한다.
왈칵
그러니 이제 내 앞에서 다 내려놓거라.
어찌 아셨나이까…
어찌 아셨나이까,
하나님의 사자시여!!
넙죽
!!
하나님의 사자시여!!
넙죽
넙죽

지금...
...?
금만홍도 내 신자가 된 거야...?
주님! 이, 이거 제가 하고 싶어서
하는 거 아닌 거 아시죠?
...
재네들 땜에...
일이 자꾸 커져가잖악!!
민 교주 신도 리스트
신도 1 나달모
신도 2 금만홍
신도 3 김민영
띠링

1 Michael J. Gorman, 『요한계시록 바르게 읽기』(새물결플러스 역간), 57-58.

2 Michael J. Gorman, 같은 글.

3 Michael J. Gorman, 같은 글.

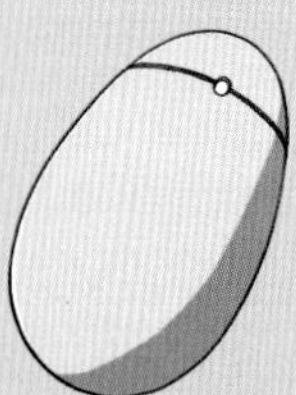

Chapter

04

사회 안전망이었던 기독교

정유민 님, 지금 바로 한 가지
부탁을 드려도 되겠습니까?
무엇이냐?
저희 새예루살렘 성도들에게도
출현하여 주십시오.
벌떡
뭐, 뭣??
제가 당신을
하나님의 사자로 소개하면,
우리 성도들 모두
따를 것입니다.
그러니 이번 주일 예배에 오셔서,
진정한 진리를 설파해주십시오.
...
휙

정유민이 이겼다~~!
잘했쪄요, 교주님~
쓰담 쓰담
뭘 잘해... 네가 해놓고...
스윽
왜 그래...? 새예루살렘 사람들을 한 방에 끌어들일 기회가 생긴 거잖아.
나, 그렇게 많은 사람 앞에 서는 거 좀 그래...
...좀 그렇다는 게 무슨 말이야?
하아...
무섭다고! 무서워서 못하겠다고.
버럭

몇 명이면 모르겠는데,
날 교주로 부르는 인간이
수천 명이 되면...
정욱민 교주님~
아, 진짜 상상하기도 싫다...
우욱..
그리고 그렇게 끌어들여진
사람들은 무슨 죄야? 그냥
또 다른 사이비에 들어간
거밖에 더 돼?
그러다가 네 군사로
써 먹히고 버려지겠네?
야.
왜?
휙
너, 나 알아?

내가 내 군사들 어떻게
대하는지 네가 아냐고.
...
덥석
나는
내 사람은
끝까지 지켜.
화악
알았어?

으...응...
사람 쓰다 버리는 건
마모니안들이나 하는 짓이야.
턱
마모니안?
아... 너희 행성을 망가뜨렸다는
그 사람들?
응.
대체 뭐하는
사람들이야?
함께 사는 법을
모르는 자들.
인간이 모든 걸 정복해야 한다고 믿는 사람들이지.
인간이 거주 가능한 행성들의 자원을
절제 없이 소모해.
개발하고, 소비하고, 개발하고, 소비하고.

엄마는... 테라페이아 행성의 땅을 인간이 20% 이상은 사용하지 못하게 했어.
시뮬레이션 해보니, 그렇게 해야 인간과 자연이 지속 가능한 형태로 공존 가능했거든.
하지만 마모니안들의 눈에는... 인간 없이 내버려둔 그 땅들이 몹시도 아까웠던 거야.
그래서 그들은 보고서를 하나 작성했어.
테라페이아 행성 사람들이 우주 정복을 위한 비밀 무기를 그 빈 땅에 감춰뒀다는 거짓 보고서를.
헐??
그 뒤에, 우주 평화를 도모한다는 명목으로
우리 테라페이아를 침공했지.

완전 나쁜 사람들이네?
마모니안들은 테라페이아만 침공한 게 아니라, 다른 모든 인류 거주 행성들을 대부분 잡아먹었어.
자신들의 '자유 우주개발주의'를 받아들이면 계약을 체결하고
받아들이지 않는 행성은 침공해버리는 식으로 끊임없이 세력을 확장한 거지.
그럼, 마모니안들이 지구도 침공할까?
아니. 지구는 망한 곳으로 여긴다니까. 절대 안 와.
…
ㅋ

하지만 그래서 지금 지구인들이 유일한 희망이 된 거지.
마모니안들의 눈을 피해서, 마모니안들에 맞설 우주 회복 세력을 결집할 유일한 장소가 된 거야.
그러니까 유민이 너는 단순한 사이비 교주가 아니라
지구인들에게 우주 회복에 대한 비전을 심어줘야 할
지구의 영적 리더인 거지!!
빠
밤
하아… 그게 더 어렵게 느껴지는데…

그리고 우리가 채택한 문서인
요한계시록엔 우주 회복이니 뭐니
그런 얘긴 있지도 않아.
너 요한계시록 잘 모른다며?
……
근데 아까 로마 제국의
악에 대해서 검색했을 때
좀 흥미로운 게 있었어.
뭔데?
로마 제국의 악한 구조들이
지금 유민이가 살고 있는
'바른공화국'의 모습과 꽤 닮았어.
엥? 뭐 어떤 게??

우선은 국가와 종교가 작동하는 방식이 좀 닮았더라고. 세 가지 점에서.
첫 번째는, 국가를 신이 택한 존재로 여기게 만든 것.
SPQR
'신들이 로마를 택했다' 이게 로마 제국의 기본 신념이었거든.1
우리 공화국은 하나님께서 택하신 나라야.
……
두 번째는, 국가를 섬기고 충성하도록 공공의식으로 표현하게 하는 것.2
SPQR

로마 제국에 속한 도시들에는
황제 숭배 신전이 있었거든.
시민들은 로마 제국에 대한 충성을
표하기 위해 자발적으로 황제 숭배 제의에
참여했다고 하고.[3]
SPQR
나는 신의 택함을 받은
바른공화국의 자랑스러운 국민으로서,
이 나라의 무궁한 영광을 위하여
몸과 마음을 바쳐 충성을 다할 것을
엄숙히 선언합니다.
세 번째는, 기존 종교를
국가에 대한 충성에 사용하는 것.[4]
SPQR
로마 제국은 자신에게 충성하기만 하면
타민족의 종교도 거리낌 없이 수용했어.[5]
오히려 종교라는 걸 로마 제국의
'통합된 사회'를 위해 사용하고 싶어 했지.[6]

세상에... 정말 바른공화국도 그래?
비슷하긴 하네...
그래, 맞아. 지금 바른공화국에 사는 사람들은 거의 다 이 나라를 신성하게 생각해.
모든 종교 시설에는 국기가 크게 걸려 있고, 종교 의식 때 국민의례를 하면서 국가에 충성 맹세를 해.
아... 위험한데?
...위험한 거야?

그렇게 한다고 무슨 나쁜 일이 생기는 건 아니잖아?
정말 나쁜 일이 생기면 막을 수가 없게 돼.
국가를 위해서, 사회 통합을 위해서 이뤄지는 폭력은 막을 수 없게 된다고.
요한계시록이 쓰일 당시에 기독교인들이 당한 게 바로 그거임.
사회 통합을 위한 폭력.
무슨 소리야, 그게?
아까도 말했지만 로마는 타민족의 종교에 관대했고, 종교를 핍박하는 일은 거의 없었는데
Pass
Pass
Pass
Pass
기독교만은 예외적으로 핍박했어. 왜 그랬을까?
조져

기독교인들은 로마 제국과
황제에 대한 충성 의식을
거부했거든.
오... 그래?
로마 제국의 국가 통합에
걸림돌이 되는 종교가 된 거지.
아.
^^;;
그래서 기독교인들은 '애국심 없는 자들'로
여겨졌고, '무신론자들'이라고까지 불렸어.[7]
제.. 제가요?
그런데 그런 국가적 폭력을 당하다 보니,
오히려 당시 기독교는
'로마 제국의 평화' 이면에 가려진
로마의 악한 구조를 더 잘 볼 수 있게 된 거 같고
그게 요한계시록에
고스란히 담긴 듯함.
REVELATION

이런 구절[8]을 보면,
기독교에 대한 핍박을
말하는 걸 넘어서서
선지자들과 성도들과
및 땅 위에서 죽임을 당한
모든 자의 피가
그 성 중에서
발견되었느니라 하더라
제국에서 희생당하는 모든 사람에게로
시야가 확장되고 있으니까.[9]
및 땅 위에서 죽임을 당한
모든 자의 피가
제국에서 희생당하는
모든 사람...
또 어떤 희생이
있었어...?
비른공화국
출입국도우미
김단
저벅
저벅

살려주세요!
좀 도와주십시오.
제발 좀 도와주십시오.
저희 가족 이렇게 추방되면
다 죽습니다!
스윽
조용히 당신네 나라로 가.
여기서 바른공화국
세금 축내지 말고.

나라가 없는데
어디로 가란 말입니까!
다 잠겨버렸는데!
당신도 나같은
외국인 출신인 거 같은데
어떻게 이럽니까!!
멈칫
어떻게 이럽니까아!!!
...
띡 띡
띡
고라니
연결

위잉
또각
또각
위잉
제가 부를 때까지는 먼저 연락하지 말라고 했을 텐데요. 김단 씨?
탁

저 다른 일 할래요.
추방되는 자들을 보면 마음이 힘듭니까?
아,아뇨, 힘들 게 뭐 있나요ㅎㅎ 똑같은 짓거리를 반복하니 지겨워서 그렇지.
만지작
김단 씨가 왜 '빛의 아이'로 선택되었는지는 잊지 않았겠죠?
턱
흠칫

그럼요!
고라니 선지자님께 늘 감사하고 있어요. 정말로.
추방되는 사람들은 안타깝지만,
그들 스스로 추방을 선택한 거예요.
바른공화국을 주님의 나라로 섬기기를 거부했으니까.
추방되지 않으면 그런 사람들이 결국 무슨 일을 저지를지는 뻔하죠.
사탄의 뜻을 따라

이 나라의 거룩한 질서를
무너뜨리고 난잡하게 만들겠죠.
그렇죠.
진짜 감사해요...
저도 그렇게 될 뻔한
멸망의 자식이었는데...

정말 감사해요...
단순 반복적인 일 같아도,
출입국 사무소 일
조금만 더 섬겨주세요.
곧 대통령 선거가
치러질 테니
그때부터 김단 씨는
본격적인 '빛의 아이'로
일하게 될 겁니다.
네.
제국에서 희생당하는
모든 사람...

또 어떤 희생이 있었어?
계시록이 폭로하는 로마의 상행위 목록에 보면…
"사람의 몸들과 영혼들"이 사고팔렸다고 나와.[10]
계피와 향료와 향과 향유와
유향과 포도주와 감람유와
고운 밀가루와 밀이요 소와 양과
말과 수레와 종들과 사람의 영혼들이라
요한계시록 18:13
사람의 몸과 영혼?
인신매매를 말하는 듯한데… 심지어 그마저도, 상품 목록의 맨 끝에 가축들과 함께 등장해.
로마에서 '사고 팔리던' 인간 생명들이 어떤 취급을 받았는지를 암시적으로 고발하고 있는 거 같음.[11]
어떤 사람들이 사고 팔렸어…?
노예, 미성년자, 그리고 여성.
로마에서 인간 취급 못 받고 생명이 경시되던 게 딱 그 세 부류의 사람들이었음.[12]

특히나
여성 사망률이
상당히 높았는데,
왜 그랬냐면
여자아이로 태어날 경우엔 영아 때
살해해버리는 일이 비일비재했고[13]
출산은 잘 했어?
여자아이였어.
아...
그게 사회적으로
용인됐거든.
합법이었고.[14]
그리고 남자아이들도
살아가기 쉽진 않았는데,
명망 있는 성인 남성들이
인신매매꾼에게 남자아이를 사와서,
성노예로 착취하는 일이 흔했음.[15]
물론 그것도
사회적으로 용인됐고.[16]

구역질 난다, 진짜...
그런데 그렇게 로마 제국에서
고통받던 노예, 미성년자, 여성들을
보호해주려고 애쓴 종교가
당시의 기독교였네.
오? 그래?
ㅇㅇ
여아 살해, 영아 살해, 소아 성학대를
모두 교회법으로 금지했고[17]
여아살해
영아살해
소아
성학대
가축이나 물건 취급받던 노예들을
같은 인간으로 동등하게 받아들여 주었고[18]

버려진 아이들을 데려다가 양육하고 교육했음.
지금이야 뭐 당연한 얘기들이지만...
그렇게 '사회적 약자들을 위한 안전망' 역할을 했다는 것 자체가[19]
엌ㅋ 기독교노 안전망와 튼튼데스네
당시 로마 제국 안에서는 엄청 앞서 나간 것이었지.[20]
올ㅋ
기독교가 그런 종교였어...?
...지금이랑 너무 다른데?

주

1 Michael J. Gorman, 『요한계시록 바르게 읽기』(새물결플러스 역간), 102, 113.

2 Michael J. Gorman, 같은 글.

3 이병학, 『요한계시록: 약자를 위한 예배와 저항의 책』(새물결플러스), 46-47.

4 Michael J. Gorman, 같은 글.

5 최종원, 『초대교회사 다시 읽기』(홍성사), 98.

6 최종원, 같은 글.

7 최종원, 같은 책, 100-101; Michael J. Gorman, 같은 책, 86.

8 요한계시록 18:24.

9 Richard Bauckham, 『요한계시록 신학』(한들출판사 역간), 66-67.

10 요한계시록 18:13; Gregory K. Beale, 『NIGTC 요한계시록(하권)』(새물결플러스 역간), 1520의 번역 참조.

11 Gregory K. Beale, 같은 책, 1520-21.

12 최종원, 『초대교회사 다시 읽기』(홍성사), 91.

13 Rodney Stark, 『기독교의 발흥』(좋은씨앗 역간), 151.

14 Rodney Stark, 같은 글.

15 Larry W. Hurtado, 『처음으로 기독교인이라 불렸던 사람들』(이와우 역간), 217.

16 Larry W. Hurtado, 같은 글.

17 Rodney Stark, 같은 책, 154; 최종원, 같은 책, 91; Larry W. Hurtado, 같은 책, 218-19.

18 최종원, 같은 글.

19 최종원, 같은 글.

20 최종원, 같은 글.

Chapter

05

나오라의 계획

지금이랑은 다르다니?
기독교라는 종교가
지금도 있단 얘기야?
응. 나도
기독교인인데?
넌 사이비
종교 출신이라며?
거,거긴 실수로
들어갔던 거곾!!
상상도 못한 정체
이곳 바른공화국
최대의 종교가 기독교임.
현 대통령도
기독교인이고, 국회의원 절반
이상이 기독교인임.
??
그건 말이 안 돼.
뭐가 말이 안 돼?
바른공화국은 로마 제국처럼
종교를 사용해서 국가를
숭배하게 하는 곳이라며?
그런 체제를 유일하게
반대했던 종교가
당시 초기 기독교였다며?
근데 지금은 기독교가
나서서 국가 숭배를
이끌고 있단 거야?
뭐... 그렇지.

어이, 기독교인!
이유가 뭐야?
젠장,
나도 몰라! 나도
궁금하거든?
그런데 솔직히
초기 기독교가
좀 놀라울 정도로
특이했던 거임.
반성해라 기독교인..!
억울..
인류 역사상 거의 대부분의 종교는
민족이나 국가를 위해서 존재했음.
그러니까 기독교가
지금처럼 된 건 그냥 다른 종교랑
비슷해진 거지, 무슨 특별한
이유가 있어서가 아님.
흠…
그렇다면
나 좋은 생각이 났어.
으응…?

이 문서를 기록한,
그 놀라울 정도로 특이했던
초기 기독교를
우리 정유민 교주님이
재탄생시키는 거야!
두
둥
탁
젠장...
생각보다 괜찮은
문서 같단 말이지?
REVELATION
아직 조금밖에 못 보긴 했지만,
난 이게 단순히 사람 끌어모으기 좋은
사이비 종교 문서라기보다는
온 우주와 인류가
새로워지는 일에
도움이 될 문서일지도
모르겠단 생각이 들어.

그래서 유민아,
내 계획은 이래.
계,계획...?
우선 금만홍의
'새예루살렘' 사람들을
네 신자로 만든 뒤에 말야,
!!!
고오오...
본능이 말해주고 있다.
이건 매우 위험하다.
이건 듣지 말아야 한다.
어, 근데 시간이
너무 늦었네...
스윽
툭
야, 들어봐. 바른공화국 대통령이
기독교인이라 그랬잖아?
그...런데 나 이제
자야 될 거 같...

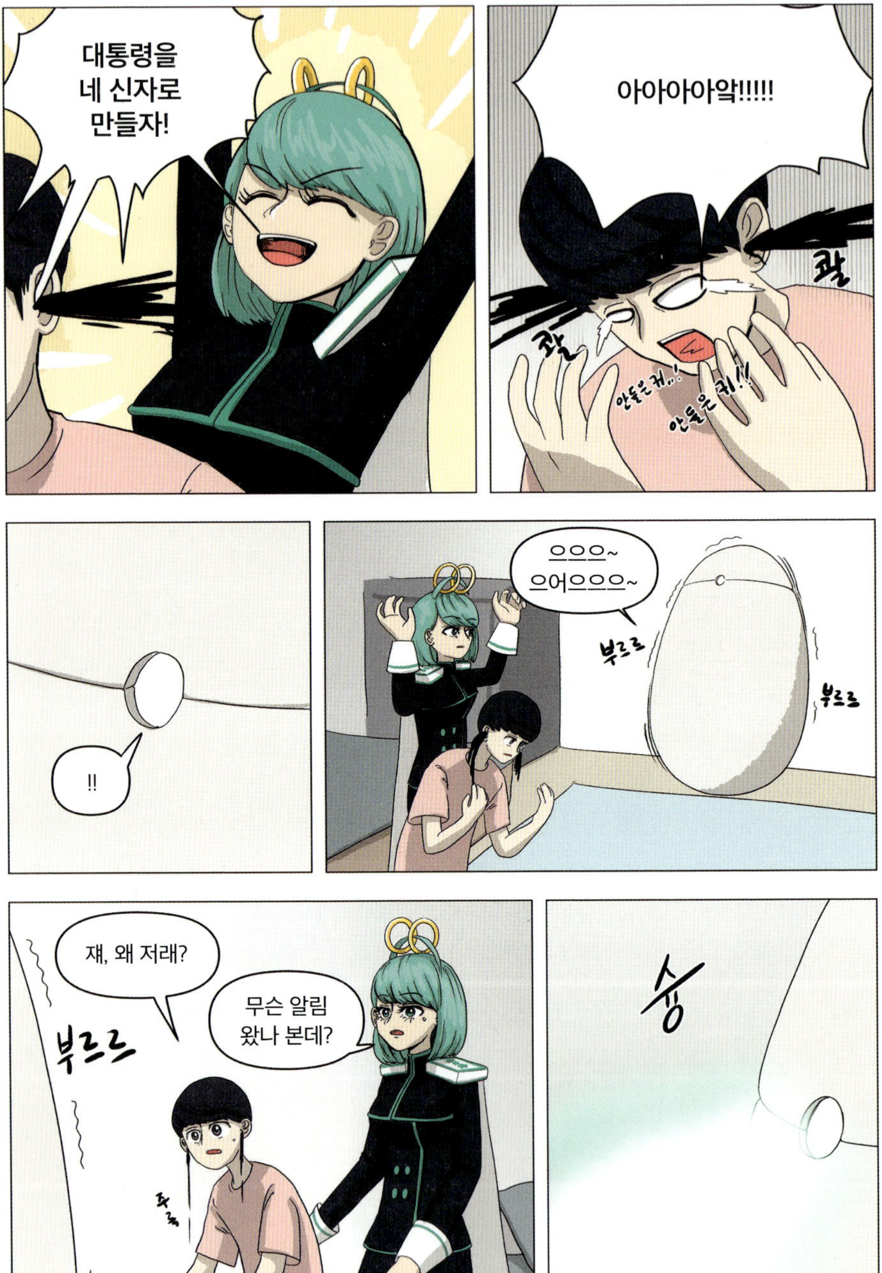
대통령을
네 신자로
만들자!
아아아아악!!!!!
콱
콱
!!
으으으~
으어으으으~
부르르
부르르
쟤, 왜 저래?
무슨 알림
왔나 본데?
부르르
슝

김단
????.??.??
출입국사무소 근무
직책: 출입국도우미
네가 찾던 애 맞음?
!!
맞아... 단이잖아?
후다닥
근데...
출입국 도우미...?
단이가 왜
이런 일을 하지?
왜? 출입국 도우미가
무슨 일을 하길래?
나도 잘은 모르지만
아마 불법체류자들을 추방
시키는 일도 할 거야.

단이 본인이랑 가족이
불법체류자인데...
말도 안 돼, 이건...
내가 아는 단이라면
이런 일 자체를
경멸했을 텐데...
꼭... 전혀
다른 사람이 된 거 같아.
통화가 될까?
혹시 연락 코드 있어?
ㅇㅇ 단이 사무실
연락 코드가 있네.
전송완료
띠링

바른공화국
출입국사무소
띠리링
띠리링
#skdhfkakstp
핑
네, 출입국 도우미 김단입니다.
#skdhfkakstp
00:03

정유민?
ㅎㅎ 나,
안 까먹었구나.
어떻게
연락했어?
너 어떻게 사나
궁금해서 찾고 또
찾았지ㅎㅎ
너 오또케 사나
궁구해서~
꺄~
차꼬 또
차잤띠
잘 지냈어?
유민아, 나 너랑
통화하면 안 돼.
어? 왜?
그냥... 여기 일이 좀 그래.
출입국
사무소 일?
응...
출입국도우미
김 단
근데, 나 하나만 물어보자.
어떻게 그런 일을
하게 된 거야?
아, 이건... 고라니
선지자님이...
고라니...?
아,아니야,
유민아.
유민아, 내가 나중에
다 설명해줄게. 응?
...?

그러니까 당분간은
나한테 연락하지 마.
아니...
탁
단이야!!
풋!
우우우웅~
우우우웅~
ㅋㅋㅋㅋ
아ㅋㅋ미안ㅋㅋ
웃으면 안 되는데
웃지 마,
이 자식들아!!
하아... 대체 뭐지?
무슨 일이 있는 거지?

나중에 설명해준다잖아~ 뭐가 그리 급해?
단이의 그렇게 불안한 목소리는 처음 들어봤다고.
나한테 뭘 숨기고 그런 적 없는 애야.
불법체류자 출신이, 불법체류자 잡는 일을 하게 되었다면...
일단 권력이 있는 누군가가 단이를 도왔다고 가정할 수 있을 듯? 왜인진 모르겠지만.
권력이라면...
대통령이네!
아, 그만햌!!!
아오!!
고라니 선지자라고 그랬는데...
고라니 선지자?
위잉
그렇게 불리는 인물은 온라인상에서 전혀 안 잡히는데...
...

대통령 최측근이
누군지부터 찾아보쟝ㅋㅋ
오키오키ㅋㅋ
첫
저것들은 지금 대통령 신자 만들기에
꽂혀서 단이는 안중에도 없네.

에잉~ 쯧쯧!
헉
단이야.
대체 누가 널 그렇게 만든 거야?
어?
이 사람이야?
번쩍
ㅇㅇ 이 사람이
현 대통령이 제일
신뢰하는 인물이라
알려져 있네.

솔로몬 킴. 바른공화국
문화종교부 장관임.
다음 날, 금만홍의 새예루살렘에
가게 될 초청 날짜가 잡히면서
새예루살렘
초청장
하늘의 사자
정유민 님
부디 오셔서 우리에게
하늘의 뜻을 ^^7
충성충성
아, 나 안 할래...
우리는 며칠간 요한계시록
내용 습득에 더 박차를 가했고
Revelation

결국
그날이
웅성
웅성
오고야 말았다.
흠흠

왜 이런 분을 이제야
발견했는지 모르겠습니다.
어쩌면 저는 이분이 오실 길을 위해
예비되었던 사람이었던 것 같네요.
감히 소개드립니다.
진정한 하나님의 사자
정유민 님입니다.
두
둥

웅성 웅성
저 사람이 진정한 하나님의 사자라고?
그럼 금만홍 님은 뭐가 되는 거야?
그간 저를 하나님이 보내신 자로 믿고 따라오시던 여러분께는 좀 당혹스러우실 수도 있겠지요.
이제 슬슬 시작하면 되겠는데?
그럼 얼른 내려와, 나 고장 나...
물론 저도 당혹스럽습니다만... 이분을 통해 들려온 주님의 음성은 너무나 분명했습니다.
여러분도 들어보시고, 판단해보시기 바랍니다.

웅
웅
들으라.
!!!!
!!!!

나는...
너희의 예배가 싫다.
??!!
다 집어치워라.
예...예배를 뭐?
이게 무슨 소리야...?
?!
너희가 보고자 했다면 보았을 것이다.

부당한 압제에 놓인 너희 이웃의 고통을.
너희가 듣고자 했다면 들었을 것이다.
힘없는 자들이 짓밟히며 내었던
울음 소리를.
하지만 너희는 보지도, 듣지도 않은 채로 내게 예배를 드리러 왔다.
...!
대체 누구를 만족시키려고 드리는 예배냐?

너희 자신이냐?
끄아아아!!
아아악
예배를 모독하는 저 사람이 무슨 하나님의 사자란 말입니까!!
으악
버럭
끄으악
우리의 예배는 하나님이 기뻐하십니다!
기뻐하십니다! 기뻐하십니다!
와
와
기뻐하십니다! 기뻐하십니다!!

너희에게 해줄 말은
이것뿐이다.
오직 너희는 악을 미워하고
선을 사랑하며, 이 땅에서
정의를 세울지어다!
끼아아아악!!!!
이건 아니야!!
후다닥
구에에엑!!
후다닥
저희는 금만홍 님
설교를 듣고 싶어요!
제발 다음엔 저 이상한
청년 안 보게 해주세요!!
버럭
아니... 저기...
헉
여,여러분!!
여러분 가지 마!!
후다닥

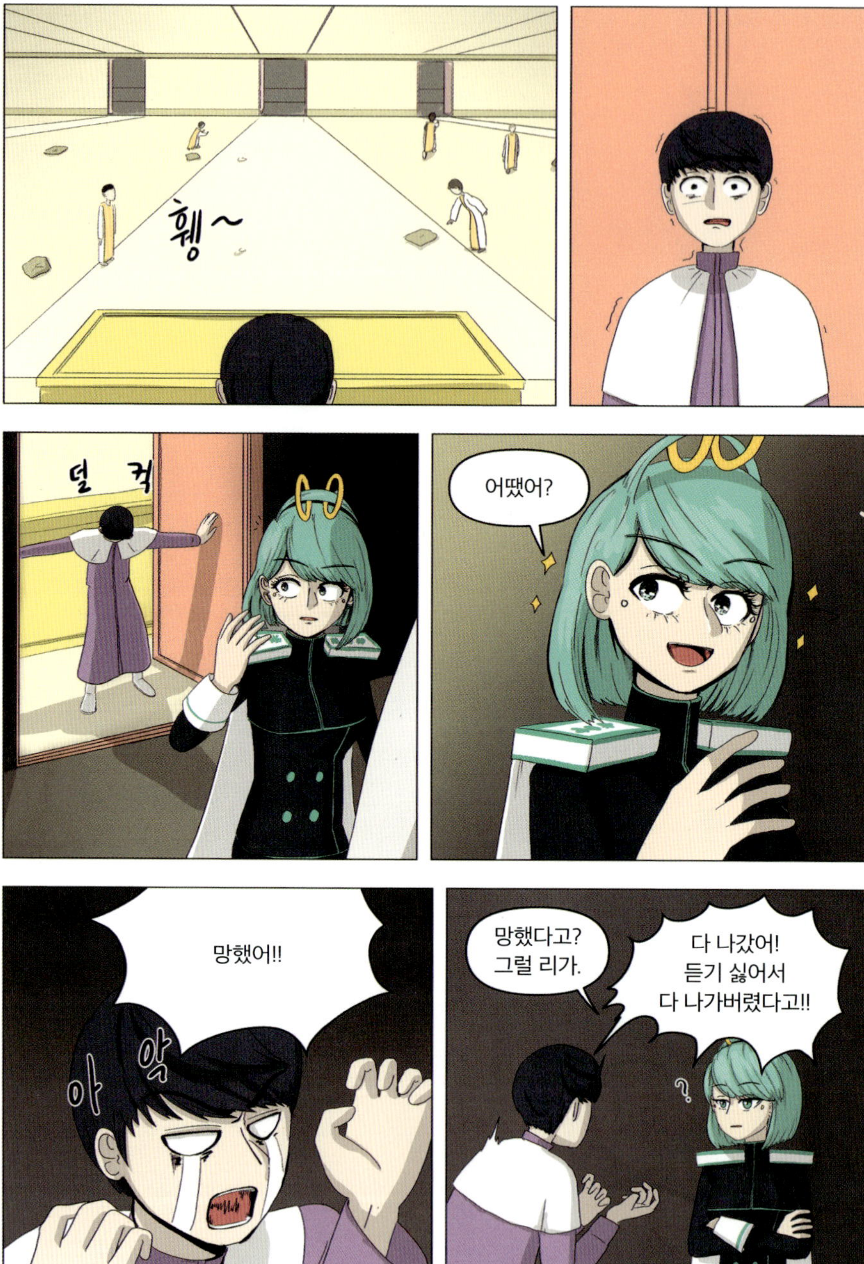
휑~
덜컥
어땠어?
망했어!!
아악
망했다고? 그럴 리가.
다 나갔어! 듣기 싫어서 다 나가버렸다고!!

아니, 사람들을 그렇게 말로 두들겨 팼는데 안 나가는 게 이상하지!!
으아아
아오!! 대체 뭘 어쩌자고…
저… 다 나간 건 아닙니다.
어엉?
저를 포함해 일곱 명이 남아서, 정유민 님의 메시지를 사모하고 있습니다.
아모스 5장 15절 맞지요?

"악을 미워하고 선을 사랑하며
성문에서 정의를 세울지어다"
더 듣고 싶습니다…
저희는 어떤 예배를
드려야 할까요?
수천 명의 새예루살렘 신도 중에 남은 일곱 명은
제각각 고통스러운
삶을 짊어지고 있었다.
그리고 나는 이들을 통해
구체적으로 알게 되었다.
이 바른공화국에서 어떤 어두운 일들이
벌어지고 있는지를.

Chapter

06

대항 이미지, 그리고 666

재정부 장관 밑에서 일하다가
성범죄를 당했음에도,
입막음을 당하고 조용히 사직 처리된 혜원 씨.
종교인이 되고 싶지 않았으나,
행정부의 처벌 위협으로 새예루살렘에
반강제로 입교하게 된 정식 씨.
아니... 1인 1종교는
그냥 정부 권장 사항
아니었나요?
1인 1종교??
?
으엑
그렇긴 한데, 실제로는
이런저런 세부조항을 들이대면서
사실상 강제해요.
바른공화국에 대한 충성 의례를
모두 종교를 통해 치르고 있으니까,
종교를 갖지 않는 걸 국가에 대한
반역 행위로 보더라고요.

그 외에도, 불법체류자를 진료해주었다가 재판을 받고 벌금형에 처해진 의사 재희 씨.
정부의 외국인 정책에 신랄한 비평을 썼다가 해고 처리된 기자 상현 씨 등등…
그러니까 바른공화국에서는 국가를 위한 일이라면 모든 종류의 악한 일이 가능한 상태였다.
그러면 단이도…?
그냥… 여기 일이 좀 그래.
출입국 사무소 일?
응…
근데, 나 하나만 물어보자. 어떻게 그런 일을 하게 된 거야?
아, 이건… 고라니 선지자님이…

고라니 선지자라는
사람이... 있어요?
. . . . . ?
귀여워...
모르겠는데요?
그게 누구죠?
아... 아닙니다.
아무튼, 저희는
이런 상황 속에서
어떻게 예배를 드려야 할지,
어떻게 신앙을 이어가야 할지
모르겠습니다.
말씀해주십시오.
지금 저희에게 필요한 게
뭘까요?
필요한 것이요...

당연히 요한계시록이 필요하지!
으얽!!
!!
휙
~S
요한계시록 말입니까?
그건 저희가 금만홍 님께
귀가 닳도록 배운 책인데요?
?
예끼! 그건 다 엉터리얏!!
으얽!!!
이제부터 너희가 이 혼란한 우주를
살아가며 참된 예배를 드리는 데에
꼬옥~ 필요한 영적 지식을,
이 요한계시록을 통해 줄 터이니
자~알 듣거라.
씨익

불쑥!
위대하신 정유민 교주님!
말씀하시옵쇼서! 저희가 듣겠나이다!!
털썩!
말씀하시옵쇼서! 저희가 듣겠나이다아!!
제일 어려운 거는 지가 안 하고 빠지네. 저 인간이!!
정유민 화이팅^^
응 닥쳐^^
긴장하지 말자... 그간 쟤네랑 공부한 부분까지만 얘기하면 돼...
후..

슈웅
거기서 나오라.
내 백성아 거기서 나오라.
거기서 나오라...?
나오라?
아니, 너 말곡ㅋ!!
내 백성아 거기서 나오라.
내 백성아 거기서 나오라.
이 한 문장이 어쩌면 요한계시록의 핵심 메시지일 겁니다.[1]

그게 핵심이라면...
우리는 이 세상에 관여 말고,
어딘가로 도망가야 한단 얘긴가요?
음... 그게 아니라...
오히려 더 굳건히
세상 한가운데 서 있어야
하는 거 같은데요.
거기서 나오라는 말씀은,
도피하라는 얘기가 아니라
악한 구조에 참여하지
말라는 얘기니까요.
나와
그래서 이 책은,
세상 국가의 억압적이고 악한 구조에
저항할 수 있게 해주고
요한계시
야, 너두
저항 할수있어

이 땅에서 더 용감하게 예수를
따를 수 있게 해주는 이미지들로
가득 채워져 있어요.
팔로미
팔로미
나는 원한다 너를
당시에 요한계시록을 읽었던
사람이라면 누구나, 이 이미지가
뭘 뜻하는지 알아챌 수 있었을
그런 그림들로요.
시사 만화 같은
느낌인가?
비슷한 거 같아요.
일단 하나씩 살펴보죠.
아주 예언자적이면서도
정치적인
이 책의 이미지들을.
REVELATION

우선은 당시 배경 상황을
좀 살펴볼 필요가 있는데요.
요한계시록의 저자와 독자들이 살았던
로마 제국의 아시아 지역 도시들에는
로마의 제국주의적
환상을 강화시켜주는 온갖
이미지들로 가득했어요.[2]
화려한 신전과 동상들
행진과 경기와 축제들
특히 당시의 대중 매체나
다름없었던 '동전'에는 늘 로마 황제가
묘사되어 있었어요.

세상을 구원하고 다스리며, 적들을 물리치고
평화를 가져오는 자로...[3]
그런 이미지가 각인된 로마인들은
늘 생각했겠죠.
참 다행이다. 신이 택한
복된 나라에 살고 있어서.
그러니까 늘
감사함으로 살아야 한다, 유민아.
알았지?
...아니요.
그건 진실이 아니었죠.

그래서 요한계시록은... 제국이 심어주는
이미지들에 사람들이 저항할 수 있게
'대항 이미지들'을 그려갑니다.[4]
대항 이미지들?
로마의 우월하고
선진적인 정치적·
군사적 권력은
요한계시록에서 야만스러운
'짐승'으로 그려지고[5]

로마의 화려한 번영을 이끈 경제 시스템은
억압과 착취로써 부를 축적한 '음녀'로 그려져요.[6]
특히 '짐승'은 죽었다가 살아나서
권력을 잡는 존재로 표현되는데[7]
이건 당시 사람들이라면
바로 누군가를 떠올렸을 거예요.
누구요?
자살한 네로 황제요.
당시 로마 제국 안에
널리 퍼진 소문이 있었거든요.
야, 너 그 소문
들었어?
아, 물론이지~
말도
안 했는데...
아유, 요즘
소문이면 뻔하지.

죽은 네로 황제가 로마 귀족들에게 복수하기 위해 다시 살아나서, 동방의 파르티아인들을 이끌고 침공해올 것이라는 소문.[8]
로마 귀족들에게 전해라...! 내가 살아 돌아왔다고!
실제로 자신을 네로라고 주장하며 추종자를 모으던 사기꾼들도 몇몇 있었고요.[9]
네로다
네로네
네로데
귀여워?!
그 구절이 네로를 떠오르게 하는 부분이었군요.
그럼 당연히 당시 독자들은 그 '짐승'이라는 표현을, 로마 제국의 정치 권력에 대한 표현으로 바로 알아들었겠네요.
네네.
저기...
그...그럼 666은요?
휙
휙
휙

짐승의 숫자라고 나오잖아요. 666. 그것도 당시 사람들은 바로 뭔지 알아들었던 거예요?
그게...
초 집 중
우선 유대인들은 히브리어 각 글자에 숫자 값을 매겨왔고, 그걸 '게마트리아'라고 불렀어요.
1 = א 2 = ב 3 = ג 4 = ד 5 = ה
10 = י 20 = כ 30 = ל 40 = מ 50 = נ
100 = ק 200 = ר 300 = ש 400 = ת
네로 황제를 히브리어로 옮겨서, 각 글자의 숫자 값을 다 더한 게[10]
Νερον Καισαρ
헬라어
נרון קסר
히브리어
ר + ס + ק + נ + ו + ר + נ
200 60 100 50 6 200 50
666이거든요.[11]
666
짜 잔
아...
아, 뭐 결국 네로인 거군요...
하지만 한 가지 더 생각해봐야 할 것은...

구약성경에 666이란
숫자가 직접 등장하는 부분이
있단 사실이에요.
그래요?
이스라엘이 가장 부유하고 강력했던 솔로몬 왕 때
이스라엘 백성들에게 조세로 징수한
액수가 '금 666달란트'였거든요.[12]
호오...

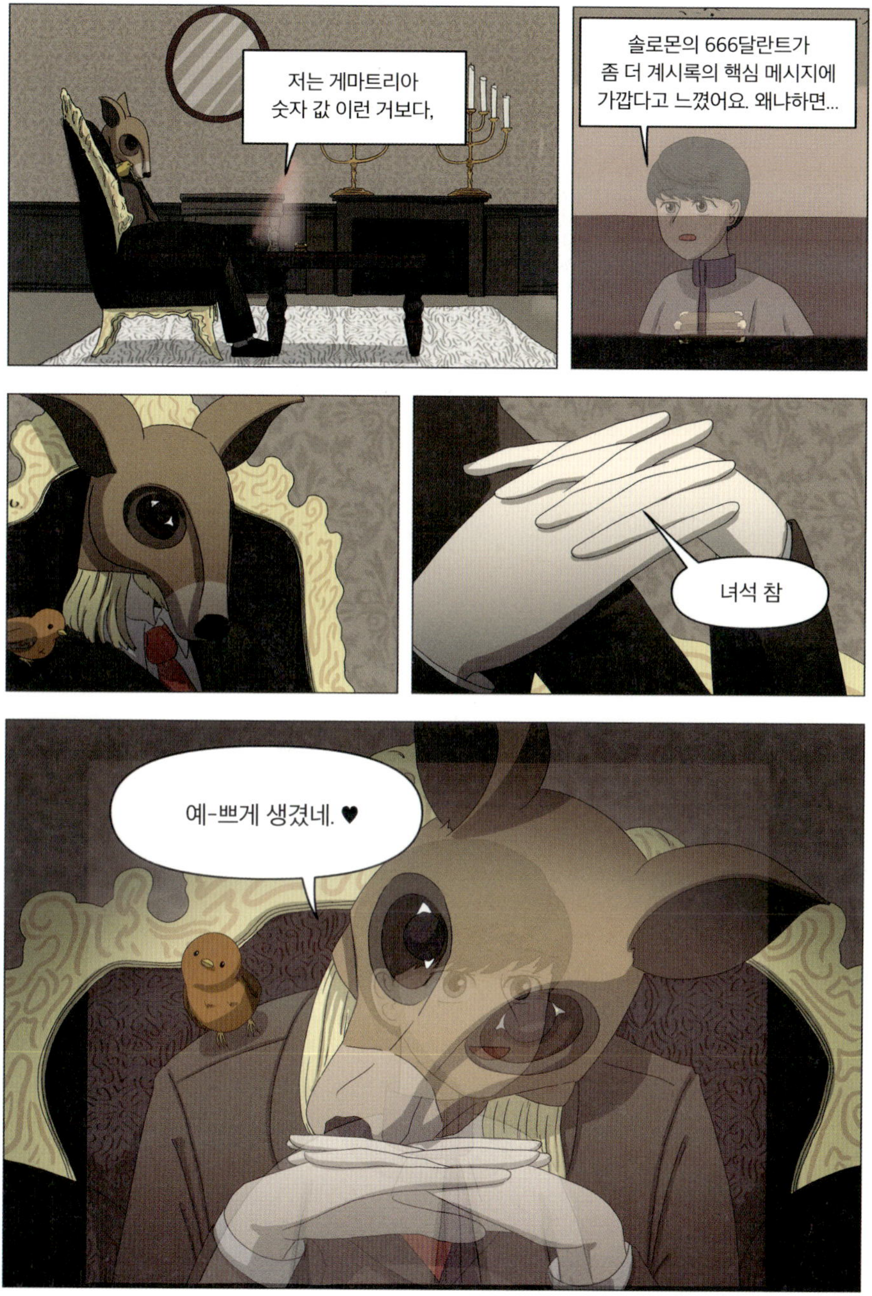

저는 게마트리아
숫자 값 이런 거보다,
솔로몬의 666달란트가
좀 더 계시록의 핵심 메시지에
가깝다고 느꼈어요. 왜냐하면…
녀석 참
예-쁘게 생겼네. ♥

저는 게마트리아 숫자 값 이런 거보다, 솔로몬의 666달란트가 좀 더 계시록의 핵심 메시지에 가깝다고 느꼈어요. 왜냐하면...
솔로몬 왕이 모아들인 금 666달란트야말로
정치 권력의 압제와 착취를 너무나 잘 보여주는 역사적 사례였으니까요.
그런 설명은 처음 들어보네요. 솔로몬은 이스라엘에서 가장 지혜로운 왕 아니었나요?
하지만 결국 솔로몬은 신앙을 잃어요.
분실물 센터입니다. 무엇을 도와드릴까요?
아, 제가 신앙을 잃어버렸는데 혹시 거기 있나 해서요.
미친놈인가.
솔로몬이요??

사실 예견된 일이었죠.
신명기에 보면 하나님이
'왕에게 요구한 계명'이 나오는데요.
최소
이 정도만 하자.
솔로몬 왕은 그 계명을
정말 꼼꼼하게 다 어깁니다.[13]
아, 이게 그
버킷리스트튼가 뭔가
하는 거 맞죠? 좋았어!
이히히
아니야!!!
왕은 병마를 많이 두어선 안 된다
(신 17:16).
병거 1,400대,
마병 12,000명 개이득!
(왕상 10:26)
×1400
×12,000
병마를 얻으려고 이집트로 가지 말아라
(신 17:16).
병거와 말은 역시
이집트산이지! 수입ㄱㄱ
(왕상 10:28-29)
왕은 후궁을 많이 두어선 안 된다
(신 17:17).
후궁 700명,
첩 300명 개이득!
(왕상 11:1-3)
왕은 은과 금을 많이 모아선 안 된다
(신 17:17).
매년 세입금이
금 666달란트 개이득!!
(왕상 10:14)

그래서 결과적으로 솔로몬은...
하나님을 떠난 사람이 됩니다.
"솔로몬이 마음을 돌려
이스라엘의 하나님 여호와를 떠나므로..."
열왕기상 11:9
막강한 군사력, 튼튼한 경제력,
주변 나라들과의 건실한 외교.
솔로몬은 이 모든 걸 이뤄냈지만
그 이면에는 금 666달란트라는
어마어마한 조세 징수로 착취당한
이스라엘 백성들의 고통이 있었어요.[14]

결국 유대인들에게 666이라는 숫자는
666
하나님의 뜻에 어긋나는 국가 권력의 경제적 착취를 상징하는 숫자가 되었겠죠.[15]
666
어쩌면 요한계시록의 저자는 경고하고 있는 것 아닐까요?
로마 제국의 우월한 정치, 군사 권력과 경제력에 취해 있지 말라고.
폭력과 힘을 사용해서 만드는 평화를 선망하지 말라고.

결국 그 끝은
'하나님을 떠난 솔로몬'이 될 거라고.
쿵
짹
짹
짹
탁
예쁘장하게 생긴 녀석이...
짹
짹

우드득
우드득
뿌직
우드득
우드득
우드득
탁
위험한 사상을 갖고 있네?

오늘 고생했으니까
맛있게 먹으셈.
우와…
어버버 할 줄 알았더니,
아주 명설교를 한 듯?
그,그랬나?
ㅎㅎ;;
새예루살렘 교인 수천 명을
다 포섭하는 건 실패했지만
어쨌든 그 일곱 명은
이제 너한테 매주 설교를
듣겠다고 하니, 좋은 출발
아닌가 싶음.
근데 나오라는
안 먹어?
교주님 많이
드세요~
…?
무슨 일 있어?
폭력과 힘을
사용해서 만드는 평화를
선망하지 말라…

정말 그렇게
생각해?
아... 그냥 요한계시록의
메시지가 그렇다는..
네 생각을 묻고 있잖아.
지금 우리가 군사 모으고
있는 건 다 뭐야, 그럼?
마모니안 같은
악한 세력을 막으려면, 그에
맞설 만한 힘이 필요해.
......
근데 그렇게 싸워서
평화를 이뤄내려는 게
잘못된 거야?
요한계시록은
평화를 이뤄내는
더 좋은 방식을
얘기해주기라도 해?
ㅇㅇ
얘기해주는 듯.
??

1 요한계시록 18:4.

2 Richard Bauckham, 『요한계시록 신학』(한들출판사 역간), 37.

3 Michael J. Gorman, 『요한계시록 바르게 읽기』(새물결플러스 역간), 105.

4 Richard Bauckham, 같은 글.

5 요한계시록 13장; Richard Bauckham, 같은 책, 62.

6 요한계시록 17-18장; Richard Bauckham, 같은 글.

7 요한계시록 13:3; 17:8.

8 Richard Bauckham, 같은 책, 40; Craig S. Keener, 『성경배경주석』(IVP 역간), 2119.

9 Craig S. Keener, 같은 글.

10 Michael J. Gorman, 같은 책, 246.

11 Michael J. Gorman, 같은 글.

12 열왕기상 10:14.

13 Gregory K. Beale, 『NIGTC 요한계시록(하권)』(새물결플러스 역간), 1225.

14 이병학, 『요한계시록: 약자를 위한 예배와 저항의 책』(새물결플러스), 320.

15 이병학, 같은 글; Gregory K. Beale, 같은 글.

Chapter

07

어린양의 방식

더 좋은 방식이 뭔데?
요한계시록 곳곳에 나오는
폭력에 희생당한 어린양.[1]
무슨 의미야?
저건 예수님의 죽음을 상징해!
드디어 아는거 나옴!
예수라는 사람이... 무슨 폭력을 당해서 죽었어?
ㅇㅇ. 로마 제국의 정치범을 처형할 때 사용한 '십자가'라는 형틀에서 죽었음.
기독교인들은 그 죽음을 온 인류의 죄와 악을 종결시키기 위한 '희생'으로 여겼고.
그래서 유대인들에게 대표적인 희생 제물이었던 새끼 양이 예수의 상징 중 하나가 된 듯.
그래서, 이 어린양이 어떻게 더 좋은 방식이라는 거야?

좋다 나쁘다보다는, 이거는 일종의 '대안 이미지'라고 볼 수 있을 듯.
제국은 '폭력을 사용해서' 평화를 이루려 하지만
어린양은 '폭력을 감내함으로' 평화를 이룬다는 거지.
그게 뭐야? 그냥 폭력을 당하는 사람이 된다고 무슨 평화가 와?
음... 그냥 수동적으로 당하고만 있는 건 아닌 듯.
계시록은 기독교인들이 제국의 폭력을 견디는 과정을

'메시아의 전쟁'으로도 표현하니까.[2]
오, 뭐야? 군사들이잖아?
흐오.
참나, 결국 싸움을 하긴 하는구먼?
아니, 나오라 네가 생각하는 그런 전쟁이 아님.
이 전쟁의 선봉에 선 예수는 '피로 물든 옷'을 입고 있다고 나오는데[3]
고오오오..
이건 적들의 피가 아니라, 예수 자신이 흘린 피라고 함.
....
'폭력에 희생당한 어린양'으로 나오는 예수의 모습과 연결되는 이미지이고.[4]

그럼 이 칼은 뭔데?
예수가 칼 물고 있잖아.
칼이 왜 굳이
'입'에서 나오겠어?[5]
이건 예수의 입에서
나오는 예리한 말들을
의미하는 거 같음.[6]
폭력을
감내했다는 건
결국...
제국의 폭력을 당하는
모든 피해자들의 자리에 함께
하게 됐다는 것이겠고...
예수의 입에서
나오는 말들이란...
제국의 악한 구조를 폭로하고,
예수님이 가르친 것들을 외치는
일이었을 테니
저 제국은
해로운 제국이다.
그야말로 저항의
과정이었겠네.

그럼, 기독교가 노예와 미성년자와 여성에게 관심을 갖고 사회 안전망 역할을 했던 것도
결국 그 '메시아 전쟁'의 분투 과정이었겠네?
오... 그런 듯?
나오라, 우리도 그렇게 해보자.
...?
으쌰
바른공화국에서 고통받는 사람들이 있는 곳으로 우리가 먼저 가는 거야.
그래서... 지구에서의 선한 질서를 위해 저항하는 사람들이 모인다면...
덥썩
그 사람들이 결국 온 우주의 선한 질서를 위해서도 함께 해주지 않을까?

그리고...
테라페이아에 붙잡혀 계신
너희 어머니를 위해서도...
고통받고 있는
단이를 구하고
싶은 거겠지.
뭐?
방금 한 얘기들이
정말 현실적으로 평화를
이뤄줄 거라 생각해?
아니 그것보다...
정말 진심이야?
우리 엄마 얘기?
너 테라페이아까지
정말 갈 마음이 있긴 있어?
......

그 친구 이름이
정유민이라 그랬나요?
네.
뇌파 음성 전달 기술을 갖고 있었습니다.
어떻게 얻은 건진 모르겠지만…
그리고 바른공화국에
위협적인 사상을 갖고
있는 거 같았고요.
저도 들었습니다.
원하시면…

제거하겠습니다.
아니요, 김온건 씨, 아직은 우리가 그렇게 행동해댈 시점은 아닙니다.
지금은... 정유민의 종교가 좀 커져가게 두는 게 더 낫겠어요.
무슨 말씀이시죠?
정유민의 사상을 따르는 사람이라면, 애초에 바른공화국민이 되기엔 부적격한 자들이니
제거 대상들이 정유민에게 다 모이도록 두자는 거지요.

대답 못하네ㅎ
아니, 갑자기
왜 그러냐, 너?
……
탁
요한계시록
공부해보자고
한 건 너잖아?
근데 정작 계시록
메시지가 나오니까
그건 싫은 거야?
응. 싫어.
탁
왜?
내가 해야 하는 전쟁은
그런 식으론 불가능하니까.
휙
넌 기독교인이니까…
너한테 감동이 되는 메시지를
발견해서 만족스럽겠지.

근데 난 만족스러운 걸 원하는 게 아냐.
실현 가능한 걸 원해.
쾅
...하, 참나.
내가 누구 땜에 사이비 교주 노릇까지 하면서 도와주고 있는지 모르나?
뭘 어쩌자는 거야, 대체??
테라페이아까지 가는 건 망설여지는 거임?

아, 몰라!
안 가!
……
털썩
그 말… 나오라가 들었으면
많이 슬퍼했을 듯.
살던 본향도 잃고, 가족이
언제 죽을지 모르는 상황에서
지구에 온 나오라가
지금 심적으로
기댈 수 있는 사람은
유민이
너밖에 없음.
……
나오라가 자꾸
진심이 뭐냐, 생각이 뭐냐,
물어보는 게
부담스럽겠지만

그만큼 절박해서
확인하려는 거임.
어디까지 함께할 수 있는
사람일지.
유민이 네가 할 수 있는
선이 어디까지인지,
너 스스로 먼저 정리해서
정확히 얘기해주는 게
너한테도, 나오라한테도
좋지 않을까.

저기...
뭐야? 왜?
까칠
나, 이거 좀 태워줄 수 있을까... 해서...
내가 네 기사냐?
아니, 무슨 드라이브하자는 게 아니라...
우주로 잠깐 나갈 수 있나 해서.
뭐하러?
연습!
엄근진
ㅋㅋㅋ
웃지 마... 너도 바른공화국에서 태어나서 20년 넘게 살아봐라.

지구 밖에 나가는 게
얼마나 무서운 일인데...
위잉
같은 우주 안인데
뭐가 무섭냐.
어얼!
탁
우웅
잠깐만 바로
출발하는 거야?
자,자,자,잠깐
마음에 준...
탁

우 우웅..
쉬릭
...비를
할 시간을...
두 둥

지구를 직접 보는 건
처음이야... 멋지다...
예전엔 더
푸르고
아름다웠어.
지금도
아름답기만
한데 뭘.
지구를
떠나기 싫지?
무리 안 해도 돼.
너 없어도 상관없어.

근데 난... 네가
필요한 거 같아.
...?
너 아니었으면 난
바른공화국이 어떤 곳인지 계속
모른 채로 살았을 거고...
이 나라에서 억압받고
고통당하는 사람들을 보려고
하지도 않았을 거야.
네가
다급하다는 거
알아.
하지만 나도
되게 애쓰고 있단
말이야.

지금도
애쓰고 있잖아.
테라페이아까지
같이 가보려고.
으유, 짜식이!
와락
콱
안
고마워.
용기내줘서.

그리고 걱정하지 마.
내가 말했잖아. 난 내 군사는
끝까지 지킨다고.
내가 죽는 한이
있어도.
야, 죽으면...
안 되지...;;;
내 결기가
느껴지냐고?
엉?
근데 넌 이제 요한계시록은
안 볼 생각이야? 메시지가
실현 불가능해서?
......
저기 봐봐.
지구 북반구 쪽.
응?
저긴 왜?

원래 저 북극에는...
이렇게 빙하가 있었어.
헐? 저렇게 큰 빙하가 있었다고? 저 자리에??
지구의 기온이 계속 오르면서 점차 사라졌지.
홍수가 자꾸 생기고, 기후가 불안정해진 것도 그것 때문이야.
그럼 지구 온도는 어떻게 낮춰?
지금은... 지구가 스스로 식힐 수 있는 지점을 이미 넘겼어.
뭐야, 그럼... 계속 더 뜨거워진단 거야?
루이스가 말했잖아. 우주 정착민들은 지구를 이미 망한 곳으로 여긴다고.

요한계시록의 메시지가... 약자들과 연대하고, 국가의 억압에 저항할 수 있는 힘을 갖고 있다는 건 나도 알겠어. 멋지다고 생각해.
하지만 지금 우주에서 벌어지는 마모니안들의 우주 난개발에 맞서려면
그 정도론 안 돼.
필요할 땐 군사적 수단으로 맞서는 것도 해야 하고
무엇보다도 우주에 대해서, 자연에 대해서, 공존에 대해서...
분명한 메시지가 필요하다고.

지구가 망해가고 있는지도 모르는 사람들이 어떻게 우주를 위해 싸울 수 있겠어?
......
근데 어차피 요한계시록도 고대 문서 아냐.
고대인들이 지금의 기후 위기와 우주 환경파괴 같은 문제를 생각했겠어?
저희는 2000년 뒤에 일어날 환경문제에 대해서 고민해야 해요!
...네?
정말 그런 걸까...
성경은 그냥 그 시대에 갇혀 있을 뿐인 걸까.
하지만 요한계시록은...

우리가 요한계시록에서 아직 살펴보지 않은 부분이 있어.
뭔데?
종말.
...종말?
요한계시록은 지금 우리가 어떻게 살아갈지를 알려주기도 하지만...
결국 이 모든 게 어떤 결말로 갈지에 대해
기독교가 믿는 성경의 최종적인 이야기를 담고 있다고 알고 있어.
흐음...

그러니까...
종말론
두둥
이게 궁금하다는 거군...
빨리 해치우자. 난 그다지 관심 없어서.
난 예전부터 너무너무 궁금했어!
허허... 뭐지...
왜?
우리가 지금까지 살펴본 주제들은 대부분 학술적인 자료에서, 그것도 겨우겨우 검색됐는데...
'요한계시록 종말론'은 온갖 매체에서 자료가 막 쏟아지네??

1 요한계시록 5:6, 12; 7:14; 12:11; 13:8.

2 요한계시록 19:11-21.

3 요한계시록 19:13.

4 Richard Bauckham, 『요한계시록 신학』(한들출판사 역간), 158; Michael J. Gorman, 『요한계시록 바르게 읽기』(새물결플러스 역간), 289; 이병학, 『요한계시록: 약자를 위한 예배와 저항의 책』(새물결플러스), 436.

5 요한계시록 19:15.

6 이병학, 같은 책, 437; Gregory K. Beale, 『NIGTC 요한계시록(하권)』(새물결플러스 역간), 1604.

Chapter

08

성경이 말하는 종말

피
융
THE LATE GREAT PLANET EARTH
Left Behind
하악...미친... 너무 좋아...
...너 그런 취향이었냐.
푸슉
나오라. 지구인들이 요한계시록에 빠져든 이유가 이 종말론 때문인 거 같은데?
그래??
솔
깃
1970년에 나온 『대유성 지구의 종말』이란 기독교 종말론 서적은 2,800만 부나 팔렸고
THE LATE GREAT PLANET EARTH
1990년대에 나온 『레프트 비하인드』라는 소설은 6,500만 부가 넘게 팔렸네.
LEFT BEHIND
TIM LAHAYE
JERRY B. JENKINS

아니, 다 뭔
내용이길래?
기독교 종말론 중에서도
'세대주의 종말론'이라고
불리는 한 입장을 따르는
내용들인데...
꽤 극적이고 자극적이어서
인기가 있었던 거 같음.
하악..
우리가 살펴봤던 요한계시록의
'짐승'을, 미래에 세계를 지배할
'적그리스도'라고 하고.
7년간의 세계적인
대환난이 일어나고.
기독교인들은 그 환난이
일어나기 전에 다 '휴거'된다고 함.
휴거?
그게 뭐야?
?
아! 나, 알아.

하나님이 어느 날
기독교인들을 휙~ 다
데려가시는 거야.
휙?
휙!
휙
이렇게.
아하!
쏙
아이, 미친놈들이
뭐한 거얍!!!
그러니까 양자에너지
이동 같은 거구나?
방금 나한테
한 게 그거야?
양자에너지 이동?
ㅇㅇ

양자 단위로 유민이 네 몸을 데이터 이동하듯 이동시키는 거임.
별게 다 가능하네...
흥
근데 이런 종류의 종말론이 인기는 있었지만, 정통 기독교의 종말론에는 맞지 않는 내용이었다고 하네.
엥? 그래?
일단 적그리스도를 먼 미래에 등장할 특정 인물로만 보는 것부터, 성경 구절로 반박되거든.
슝
"아이들아 지금은 마지막 때라. ...지금도 많은 적그리스도가 일어났으니 그러므로 우리가 마지막 때인 줄 아노라"
(요일 2:18).
요한은 이 서신을 썼던 초기 기독교 당시를 이미 '마지막 때'로 인식하고 있고
그 당시에 이미 한 명도 아닌, '많은 적그리스도'가 등장했다고 하잖아.

적그리스도는 그럼
어떤 사람인 거야?
예수를 영적인 존재로만
여기는 이들을 말한 듯함.
"…예수 그리스도께서 육체로 오심을
부인하는 자라. 이런 자가
미혹하는 자요 적그리스도니"
(요이 1:7).
당시엔, 땅에 속한 육체와 같은 것들은
다 악하고, 하늘에 속한 영적인
것들만이 선하다는 사상을
갖고 있는 이들이 있었는데…
그래서 예수가 인간으로 육체를 입고
왔다는 걸 받아들일 수 없었던
사람들이었던 거 같음.
우리 예수찡이
인간이었을 리가
없다능!
암튼 없다능!
그럼 휴거도
틀린 거야?
일단 우리가 살피고
있는 요한계시록엔 그런
개념이 전혀 안 나옴.
엉? 그럼 어디
나오는 거야?
바울이 쓴 편지에
나오네.

"…구름 속으로 끌어올려
공중에서 주를 영접하게 하시리니"
(살전 4:17).
세대주의 종말론자들은
이 부분이 7년간의 환난이 일어나기
전에 예수가 잠깐 내려와서
기독교인들을 하늘로 데려가는
사건이라고 하는데…
이 구절은 사실 그런 의미가 아니라
저희는 어디로
가게 될까요?
음…
성층권?
이 땅에 왕으로 내려오는 예수를
기독교인들이 영접하는 장면임.
'주를 영접한다'는 표현 자체도,
당시에 고관을 모셔오는 사신들의
행위를 의미했고.[1]
아… 내가 휴거돼서
천국 가는 장면이 아니라,
예수님이 이 땅을 천국으로
만드시는 장면이었구나?

휴거가 없다닠!!
아니, 예수는 죽었다며? 예수가 다시 온다는 게 뭔 말이야?
그게 기독교 종말론의 핵심임. 전문용어로는 '예수의 재림' 이라고 부르고.
사실 기독교 종말론은 시공간이 파멸되거나 끝장나는 그런 게 아니라
유민이 말대로 신이 이 세상, 이 우주를 천국으로 만드는 과정임.
그럼 이제 제대로 된 종말론을 살펴보자고.

기독교 종말론이란 생각보다 방대했고
우리는 일주일 내내 루이스가
검색해서 들려주는 이야기를
자면서도 들었다...
이것은 수면 중인 뇌로
정보를 욱여넣는 장치임ㅋ
척!
그리고 그 시간이 다시 돌아왔다.
짜 잔~!
유민이네 교회

나오라
네가 만든 거지?
응. 왜?
사람들 온다.
휙
한 주 만에 신도가 많이 늘었다.
흘끗
물론 금만홍은 여전히 풀이 죽어 있었다.
겨우 30명...

그런데...
왜 신도들까지 표정이...
다들 별일 없으셨나요?
들으셨어요?
태풍 올라오는 거?
태,태풍이요??
3일 뒤에 초속 60m짜리
태풍이 바른공화국을 통과한대요...
태풍은 다 외국 얘긴 줄만
알았는데..

그럼 위력이
어느 정도야?
초속 25m가
지붕이나 간판 정도가
날아가고
초속 44m 이상이면
사람이나 바위가
날아가고
지금 오는
초속 60m는...
건물이 붕괴될 수 있음.
두
둥
지금 지구에 틈만 나면 몰아치는 태풍들은
대부분 그런 식이네. 초속 50-60m.
택함 받은 나라까지
왜 이런 일이 닥쳐오는 거죠?

하아…
지구 전체가 위기에 빠졌는데, 택함 받은 나라, 안 받은 나라 나누는 게 무슨 의미가 있죠?
지구 전체가 위기라고요?
저도 인정하기 싫지만… 현실이네요.
바른공화국은 지리적인 이점 때문에 태풍이나 홍수 피해가 늦춰진 것일 뿐이에요.
결국 닥쳐올 일이었던 거죠.
종말의 때가 온 걸까요? 하나님께서 이 세상을 심판하시는…

안 그래도 오늘 종말론에 관해
이야기하려고 했는데...
일단 한 가지 짚고 넘어갈 건,
지구를 이 지경으로 만든 건
우리라는 거예요.
하나님께서 사랑으로 지으신
이 피조세계를 돌보지 않고
망가뜨린 존재는, 전 우주를 통틀어
단 하나뿐이죠.
우리 인간이요.

어릴 때 저에게 '종말'이란,
'죽으면 어떻게 될까?'라는
개인 사후 운명의 문제였고
?
부모님을 따라다녔던
교회에서 배운 '종말'이란,
하나님의 심판으로 이 자연세계가
끝장나는 걸 의미했죠.
하지만 성경이
말하는 '종말'은…
슈
웅
하나님의
'새 창조'입니다.[2]
하나님이 궁극적으로
이루시려고 하는
방향과 목표를 담고 있는 게
'기독교 종말론'이고요.[3]
하나님이 궁극적으로
이루시려고 하는 게… 뭐죠?

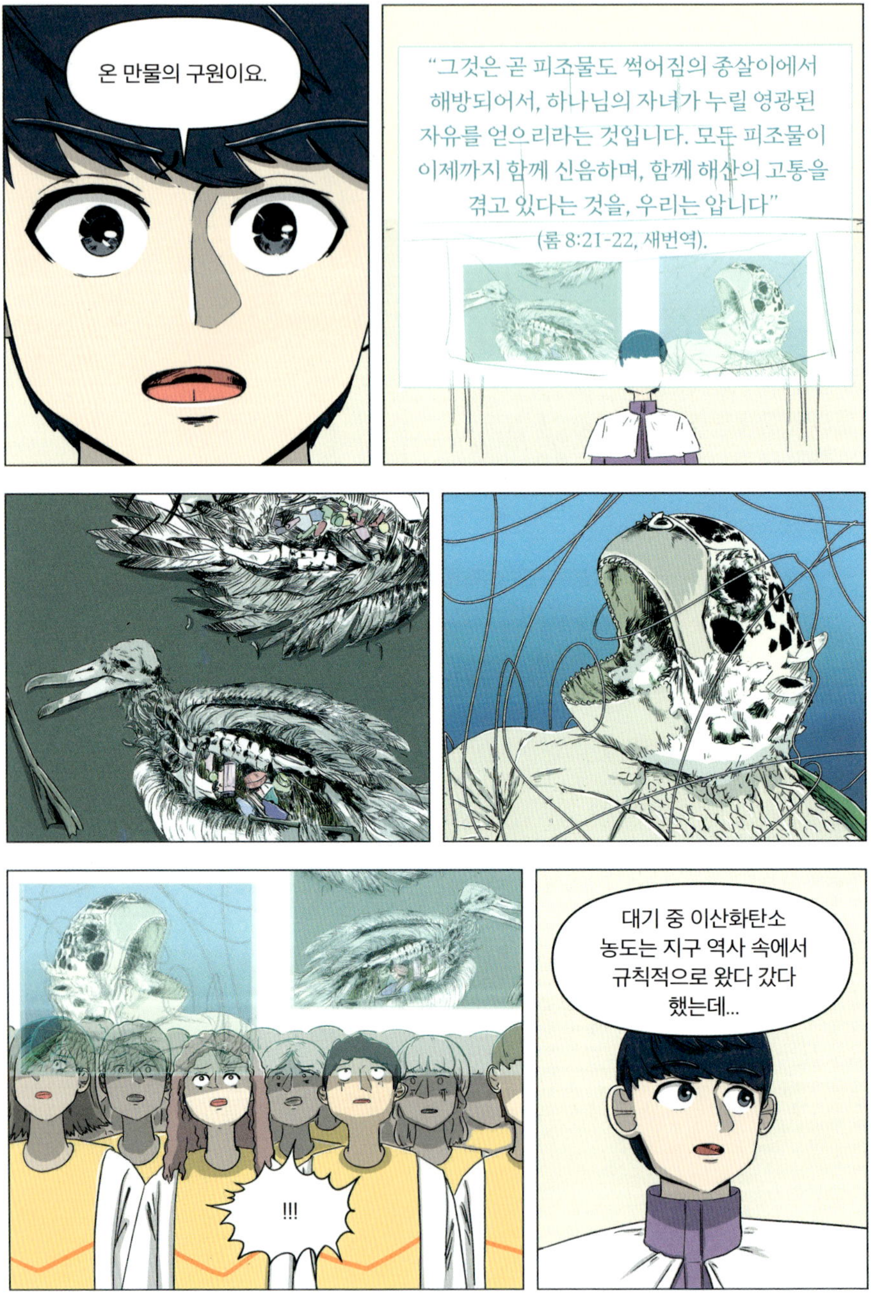
온 만물의 구원이요.
"그것은 곧 피조물도 썩어짐의 종살이에서 해방되어서, 하나님의 자녀가 누릴 영광된 자유를 얻으리라는 것입니다. 모든 피조물이 이제까지 함께 신음하며, 함께 해산의 고통을 겪고 있다는 것을, 우리는 압니다"
(롬 8:21-22, 새번역).
!!!
대기 중 이산화탄소 농도는 지구 역사 속에서 규칙적으로 왔다 갔다 했는데...

산업혁명 이후부터는
이런 규칙성이 사라지고,
거의 수직 상승하기
시작했죠.
그래서 지구의 평균 온도는
돌이킬 수 없을 정도로 매년
올라가기 시작했고
지금 지구 곳곳에
태풍과 홍수와 산불이 갈수록 심해지고,
해수면이 높아져 가는 것도
그것 때문입니다.
몰랐는데, 100년 전만
해도 지구 북극에는 거대한
빙하가 있었다고 해요.
그리고 이런 하얀색 곰도 있었고요.
지구와 지구에 사는
모든 피조물은
와... 곰이
흰색이라고?
주작 아님?

지구 역사상 유례없는 높은 기온과 이상 기후를 경험하고 있어요.
끝을 모르고 내달렸던, 성장과 개발을 위한 인간의 욕망 때문에.
요한계시록 18장은 로마 제국이 저지른 경제적인 죄악들을 낱낱이 폭로하고 있는데요.[4]
SPQR
어쩌면 이건 피조세계를 전혀 돌보지 않고 오로지 경제와 성장을 위해 내달려온 산업혁명 이후의 인류의 모습이기도 하고
지금 바른공화국에 속한 우리 모두의 모습이기도 합니다.
우리 사회는 사회적 약자들을 억압하고 착취하는 죄악뿐만이 아니라

하나님이 지으신 이 자연 세계마저 착취하고
파괴하는 죄악을 저질러 온 겁니다.
그러네요…
"제국의 이윤을 얻는 사람은 제국의 죄악을 함께 저지르고 있는 것이다"라는 어떤 학자의 말이 생각나네요.[5]
오, 멋진 말이당.
중세 말기의 영성 저술가 율리아나는 이런 말을 남겼습니다.
"모든 인류가 온전케 되면, 모든 만물이 온전케 될 것이다."
이분은 '죄'를 '비자연적인 것'으로 봤어요.[6]

지금 같은 시대에 너무 맞는 말이죠
'자연적인' 그 어떤 것도 지구를 이 지경으로
만들어놓은 적이 없으니까.
오직 '죄'를 짓는 인간만이,
이 피조세계를 이렇게까지
망가뜨려 놓을 수 있었으니까.
그럼 이제
어떻게 해야 하나요,
우리는?
바울은 고통받고 있는
피조세계가 간절히 바라는
단 한 가지를 말해요.
"피조물은 하나님의 자녀들이
나타나기를 간절히 기다리고 있습니다"
(롬 8:19, 새번역).
율리아나가 했던 말과 비슷하죠.
피조세계가 온전해지려면, 하나님의
자녀들이 나타나야 합니다.
인류가, 하나님이
원하시는 진정한 자녀의
모습으로 온전해져 가야
하는 거죠.

"...그러나 소망은 남아 있습니다.
그것은 곧 피조물도 썩어짐의 종살이에서 해방되어서,
하나님의 자녀가 누릴 영광된 자유를 얻으리라는 것입니다."[7]
그래서 우리... 유민이네교회가 함께 먼저 해야 할 일은
"내 백성아 거기서 나오라."[8]
처음 보여드렸던 계시록의 이 메시지대로 하는 겁니다.
바른공화국이 약자들과 피조세계를 향해 저지르는 죄악을 폭로하고

사람들이 그 죄악에
참여하지 않고 빠져나올 수 있게
도웁시다.
끼-
-익
두
둥
아니
저분은…!
어!
우와
웅성
웅성
누구야?
문화종교부
장관이잖아.

야야, 저 사람!
상상도 못한 정체
대통령 최측근인 그 장관,
솔로몬 킴이잖아!
갑자기 들어와서
미안합니다.
바른공화국의 미래를 위한
아주 의미 있는 모임이라고
전해 들어서...
제가 후원자가 될 수 있을까
해서 왔습니다.
두
둥

주

1 Craig S. Keener, 『IVP 성경배경주석』(IVP 역간), 1891.

2 Gregory K. Beale, "Conception," *The Reader Must Understand*, 11-52; K. E. Brower, 『IVP 성경신학사전』(IVP 역간), 1045에서 재인용.

3 K. E. Brower, 같은 글.

4 Richard Bauckham, 『요한계시록 신학』(한들출판사 역간), 62-63.

5 David A. deSilva, *Seeing Thing's John's Way: The Rhetoric of the Book of Revelation* (Louisville: Westminster John Knox, 2009), 47; Michael J. Gorman, 『요한계시록 바르게 읽기』(새물결플러스 역간), 281에서 재인용.

6 Julian of Norwich, *Showings*, Chap. 27, 225; 정미현, 『또 하나의 여성신학 이야기』(한들출판사), 123에서 재인용.

7 로마서 8:20-21, 새번역.

8 요한계시록 18:4.

Chapter

09

문자 그대로의 심판?

지금은...
정유민의 종교가 좀
커져가게 두는 게
더 낫겠어요.
무슨 말씀이시죠?
정유민의 사상을
따르는 사람이라면, 애초에
바른공화국민이 되기엔
부적격한 자들이니
제거 대상들이
정유민에게 다 모이도록
그냥 두자는 거지요.
꽤 큰...
제거 작업이
되겠군요.

그러다가 만에 하나, 고라니 님께서 그 제거 작업의 배후로 지목당하면 어떡하죠?
스윽
그럴 일은 없을 겁니다.
저는 정유민의 선량한 후원자가 될 거니까요.
생긋
?
?
대통령 최측근 대통령 최측근

우웅
잘 왔다,
착하고 충성된 종아.
억...
이 보잘것없어 보이는 모임에
후원하고자 하는 그 마음이...
아...
귀하구나!!
아악!!!
벌떡
후훗... 성능이 꽤 좋은
뇌파 음성 전달 기술을 가졌군...

격한 환영에 감사하지만... 개인 자격으로 온 것이니, 너무 신경 쓰진 마시고요.
스윽
우리 정유민 님께서는 이곳...
유민이네... 교회를 위해 필요한 게 있으면 뭐든지 말씀해주세요.
미적 감각은 없군.
아... 감사합니다. 그런데 뭐 당장은 딱히...
대통령을 만나야겠다.
...예?
못 알아듣느냐?
이..이게 뭐누..

대통령에게
복음을 전하도록 자리를
마련해보라는 것이다.
히죽
히죽
!
오...
대통령??
와...
이게 되네.
웅성
웅성
이 자식들
뭘 하려는 거지?
?
어... 물질적인 후원은
얼마든지 해드릴 수 있지만...
아, 돈 필요 없다!
대통령을 만나야겠다지
않느냐!!
돈 필요 있다,
젠장...
힝
필요한 거 다 말하라더니,
나라를 위해 귀한 일하는 대통령에게
복음 전하는 건 안 되겠다,
이 말이냐??

아… 알겠습니다.
제가 자리를…
마련해보지요.
어쩌실
작정입니까?
정말 대통령이
정유민을 만나서…
정유민 신자가 되면
어쩌시려고요?
나쁠 거 없죠.
정말 현 대통령이
정유민 신자가 돼버린다면…

예정보다 대통령 선거가 좀 더 빨리 치러지는 거죠.
그 말은...
아마 그게 김온건 씨가 '빛의 아이'로 하게 될 첫 번째 일이 될 겁니다.
낡은 가죽 부대를 없애버리는 일.
REVELATION
매번 이런 식이야, 제멋대로...
REVELATION
야. 나 대통령 안 만날 거야.
넌 할 수 있어, 정유민.

아, 하기 싫다고 젠장!!
좀 앉아봐, 나 이제서야 요한계시록이 하는 얘기에 관심이 가기 시작했단 말야.
언제는 뭐 현실에서 별 소용없는 메시지라더니?
이 책의 종말론 부분을 같이 보면서 생각이 바뀌었지.
이 피조세계, 그러니까 '우주의 회복'을 바라보고 있으니까.
뭐… 맞아. 그 부분은 나도 새로웠어.
근데 한 가지 걸리는 게 있어.
뭐가?
일곱 인… 일곱 나팔… 뭐 이런 부분에서 신이 내리는 어마어마한 재앙과 심판이 나오더라?
이런 건 어떻게 이해해야 하는 거지?

그러네, 계시록에 심판 부분이 있었지...
아니, 별이 떨어지고 강물이 다 오염돼서 사람들이 마시고 죽게 된다지 않나...[1]
REVELATION
불타는 산 같은 게 던져져서 바다가 피가 되고, 바다 생물들이 죽는다지 않나...[2]
으...
이 우주가 회복되고, 새롭게 재창조되길 원한다는 신이...
REVELAT
어떻게 피조물한테 이렇게 잔혹한 일을 벌일 수가 있는 거지?
REVELATION

하아... 그렇겐
생각 안 해봤네...
아, 다시 요한계시록에서
맘이 떠나고 있어...
아, 어떡하지...
...
이래서 인간은..
너네는 텍스트를
읽고 해석할 때 왜 그렇게
일관성이 없음?
일관성?
너네 요한계시록 13장에 나온
'바다에서 올라오는 짐승' 공부할 때
그게 진짜 뭐
어느 도시의 해변에서 괴생명체가
출몰하는 걸로 생각했음?
아닝...
아닝...

짐승은 네로 같은 악한 황제나 부패한 국가 권력을 의미했지, 문자 그대로 머리 몇 개 달린 괴생명체를 뜻한 게 아니었던 것처럼
심판의 사건들도 문자 그대로 일어날 일로만 받아들이면 곤란하지 않겠음?[3]
≠
방금 너네들처럼 말초신경을 자극하는 이미지만 남고 '의미'는 다 놓치게 되는 거지.
아, 그럼 의미가 뭔데?
일단 바다를 피로 변하게 한다는 그 '불타는 산'은
구약성경에서 '바빌로니아의 심판'을 가리켰던 이미지임.[4]
"너를 불탄 산으로 만들어버리겠다"
(렘 51:25, 새번역).

그리고 이미 계시록 자체에서도
바빌로니아가 받는 심판은 '큰 돌이 바다에
던져지는' 모습으로 묘사됨.[5]
사실상 동일한 의미를 담은
이미지인 거지.
그러니까 이 부분은 악한 국가 권력이
심판을 받는 장면으로 봐야 함.[6]
- 하나님, 한 번 봐주세요.
- 안 돼, 안 바꿔줘. 바꿀 생각 없어. 빨리 돌아가.
오, 그러네?
흠... 불타는 산은
그렇다 치더라도,
바다 생물들이 죽고, 배들이
부서지고 그런 건 뭔데?
그건 악한 국가 권력들이 멸망한 탓에
주변 세상에 미치는 영향인 듯함.[7]
! ! ! ! ! !
특히 '배들이 부서졌다'는 언급은,
악한 국가 권력과의 무역으로
이득을 함께 누리던 이들의 몰락임.[8]

무너진 바빌로니아를 보며 슬퍼하는
'배 부리는 자들'에 대한 묘사와도 연결되고.[9]
ㅠㅠ
별이 떨어진
강물을 마시면
죽는 건?
?
그 별 이름이 생뚱맞게도
'쓴 쑥'이라고 나오는데[10]
쑥이 이렇게나
위험합니다.
그래? 그럼
마늘만 먹어.
...
사실 이건 구약에서 죄악에 물든
'이스라엘의 종교 지도자들' 때문에
내려지는 심판이었음.[11]
슈웅
"내가 그들에게 쓴 쑥을 먹이며,
독을 탄 물을 마시게 하겠다.
죄악이 예루살렘의 예언자들에게서
솟아 나와서, 온 나라에
퍼졌기 때문이다."
예레미야 23:15, 새번역
그리고 '독이 든 물'이란 건
기근과 고난에 대한 비유였고.[12]

이런 구약의 배경을 생각해보면,
계시록의 이 심판은
기독교인일지라도 악한 국가의
영향 아래 있는 이들이라면 함께 겪을
기근이나 고난을 의미하는 듯함.13
흐음…
아, 뭐야, 어쨌든 심판이
있긴 있다는 거잖아?
기독교인들의
성경에 따르면 그렇지.
근데 지금 들어보니,
심판이란 것도 그저 뭐 다 파괴되고
끝장나고 그런 게 아니라
'바빌로니아'란 이름으로
상징되는 세력의 파멸로
집중되는 거 같아.
그래서?

그러면 심판도,
회복과 새창조를 위한 과정으로
볼 수 있지 않을까?
그게 말이 돼?
실제로 유민이처럼 생각한
학자들도 있었네.
헐?
역시...
왜냐하면 분명히
'심판의 대상'이었던 존재들이
심판 이후의 새 세상에서 '선한 도구'로
재등장하는 사례가 성경에 나오거든.
BIBLE
그런 사례가 있어?

대표적인 게, 이사야서에 나오는 '무역 상선들'
"다시스의 배들"이라고 나오는 이 상선들은, 분명히 이사야 2장에서 종말에 심판받을 대상으로 나오거든.[14]
- 하나님, 한 번 봐주세요.
- 안 돼 안 바꿔줘. 바꿀 생각 없어. 빨리 돌아가.
근데 이사야 60장으로 가면
분명 심판받았던 "다시스의 배들"이 사람들을 거룩한 도시로 데려오는 도구가 됨.[15]
이게 뭘 의미하는 거 같음?
어, 나 알겠어.
?

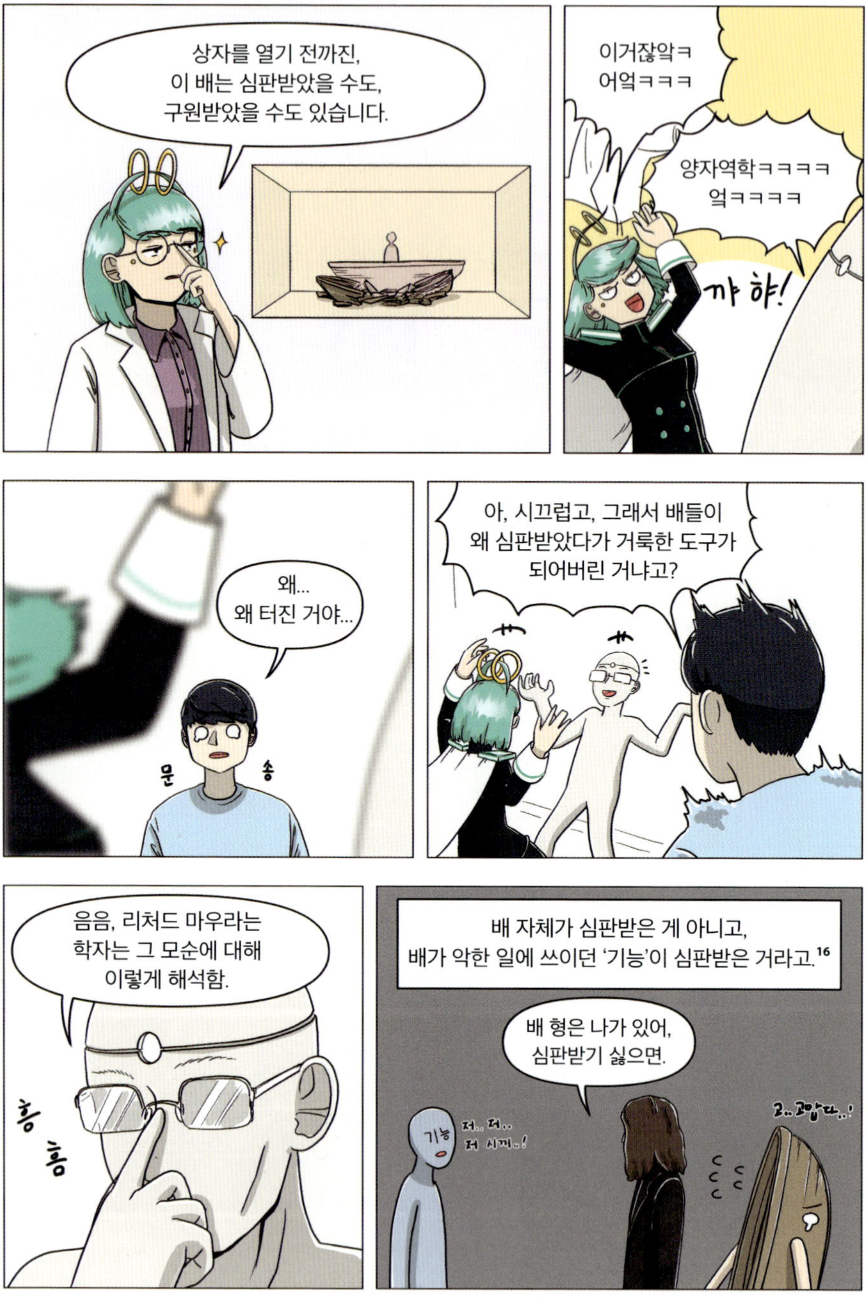
상자를 열기 전까진,
이 배는 심판받았을 수도,
구원받았을 수도 있습니다.
이거잖앜ㅋ
어엌ㅋㅋㅋ
양자역학ㅋㅋㅋㅋ
엌ㅋㅋㅋㅋ
꺄 햐!
왜...
왜 터진 거야...
문 송
아, 시끄럽고, 그래서 배들이
왜 심판받았다가 거룩한 도구가
되어버린 거냐고?
음음, 리처드 마우라는
학자는 그 모순에 대해
이렇게 해석함.
흠 흠
배 자체가 심판받은 게 아니고,
배가 악한 일에 쓰이던 '기능'이 심판받은 거라고.[16]
배 형은 나가 있어,
심판받기 싫으면.
기능
저.. 저..
저 시끼..!
고..고맙다..!

그러니까 이 배들은, '심판'을 통과해 변혁되고 새롭게 되어서
심판
선한 도구로 다시 태어난 셈이지.
"그들의 칼을 쳐서 보습을 만들고 그들의 창을 쳐서 낫을 만들 것이며"
이사야 2:4
흠... 그럼 유민이 말이 맞네? 심판은 회복과 새창조를 위한 과정이다?
왜 이래, 나 정유민이야.
그래, 자신감을 가져. 대통령 앞에 충분히 설 수 있어.
아, 제발...
아, 진짜 대통령한테 잘못 접근했다가 막 쥐도 새도 모르게 제거당하고 그러면 어떡하냐고??
야.
탁

내가 있잖아.
뭐가 걱정이야.
계시록도 유민이한테 대통령을 변화시키라고 요구하고 있네.
뭔 소리야?
심판 과정에서 변혁되는 대상은 배들뿐만이 아니라
땅의 왕들도 포함되거든.
"땅의 왕들"도 배들처럼 분명 심판의 대상으로 나왔고[17]
역시 왕이야! 구하러 왔구나!
아니, 나도 잡혔어.

끝까지 악한 상태에 머무는 왕들은
아마도 심판으로 멸망하는 거 같지만...
종말의 심판 이후, 새로운 세상에서
다시 등장하는 왕들도 있단 말이지?
"땅의 왕들이 그들의 영광을
그 도성으로 들여올 것입니다"
(계 21:24, 새번역).
그러니까... 앞으로 올
하나님 나라에선...
정치 권력들도
변혁되어서 선한 기능을
하게 된단 거구나?
잘 지냈어?
유민아, 나 너랑
통화하면 안 돼.
어? 왜?

그냥... 여기 일이 좀 그래.
출입국 사무소 일?
응...
어쩌다가 단이가 정부 기관에서 일하게 됐는진 모르겠지만
당분간 나한테 연락하지 마.
아니...
그 불안한 목소리...
자기가 원해서 거기 있는 건 분명 아닌 거 같았다.
덜컹 덜컹

덜컹
덜컹
덜컹
덜컹
태풍이 다가오고 있네.
덜컹
덜컹
덜컹
덜컹
대통령 만날게.

그래, 정치 권력이라고 해서
죄다 짐승일 필요 없지.
선하게 기능하는 권력이라는 거...
그런 게 가능할진 모르겠지만...
지금 이 지경이 된
지구엔 꼭 필요하니까.
감격
그 찐따 같던 유민이가 맞나?
지금 유민이 보면 진짜 내가 다 감격스럽고,
몹시 불쌍하던 장면들이 뇌리에 스치면서

가슴이 웅장해진다.
우
웅
!!!!
우웅
우 웅
단이
우웅
다...단이야!
탁
야, 정유민.
너 요즘 뭐하고 다니는 거야?

주

1 요한계시록 8:10-11.

2 요한계시록 8:8-9.

3 Richard Bauckham, 『요한계시록 신학』(한들출판사 역간), 69.

4 Gregory K. Beale, 『NIGTC 요한계시록(상권)』(새물결플러스 역간), 787.

5 요한계시록 18:21; Gregory K. Beale, 같은 글.

6 Gregory K. Beale, 같은 책, 788.

7 Gregory K. Beale, 같은 책, 789.

8 Gregory K. Beale, 같은 글.

9 요한계시록 18:17-19; Gregory K. Beale, 같은 글.

10 요한계시록 8:11.

11 Gregory K. Beale, 같은 책, 793.

12 Gregory K. Beale, 같은 글; 예레미야 8:13-14 참조.

13 Gregory K. Beale, 같은 책, 794.

14 이사야 2:16; 시편 48:7; Richard J. Mouw, 『왕들이 입성하는 날』(SFC 역간), 40-41.

15 이사야 60:9; Richard J. Mouw, 같은 글.

16 Richard J. Mouw, 같은 책, 42.

17 요한계시록 6:15.

Chapter

10

처음 사랑

엉? 왜 화를 내...
당황..
너 내가 알던
그 유민이 맞아?
단이야,
왜, 왜 그러는 거야?
너, 교주됐다며?
흠칫
아... 어떻게
알았어?
ㅎㅎ
다들 알아.
네 신도들이 올린 네 설교가
2천 건이 넘게 공유돼서.
오... 이런...
슈융

몰랐는데, 100년 전만 해도 지구 북극에는 거대한 빙하가 있었다고 해요.
그리고 이런 하얀색 곰도 있었고요.
지구와 지구에 사는 모든 피조물은
지구 역사상 한 번도 없었던 높은 기온과 이상한 기후를 경험하고 있어요.
이런 식으로 사람들 불안감 조장해서 뭐 하려는 거야?
무슨 반정부 세력이라도 만들게?
그런 거 아니야, 단이야!

왜 거짓 정보를
퍼트리냐고?
하아… 어디서부터
얘길 해야 할지…
단이야 일단…
내가 설교에서 했던
얘기들은
다 사실이야.
웃기지 마.
기후 위기
같은 건 없어.
설사 있다고 하더라도,
바른공화국은 안전해.
여긴 하나님이
택하신 나라니까.
너 대체 왜 그래?
내가 뭘?

너야말로 내가 알던
그 단이가 아닌 거 같아.
교회에서 바른공화국에 대한
충성 의례할 때, 우리 같이 막...
빠...빠큐 날리고
그랬잖아?
?
삐질
야.... ㅎㅎ
멋모를 때
얘기지.
그리고 바른공화국은
안전하지 않아!
지금 창밖을 보라고!
...
휘이잉
강한 태풍이
오고 있어.

넌 진짜 아무것도 모르는구나...
그간 자연재해로부터 안전했던 바른공화국에 왜 갑자기 태풍이 올까? 그렇게는 생각 안 해봤어?
무슨 소리야...?
지금 위기가 오고 있는 건 맞아. 하지만 이건...
바른공화국을 멸망시키려는 세력이 벌이는 기후 조작이야.
아니... 기후 조작?? 무슨 근거로 하는 소리야?
믿을 만한 분에게서 받은 정보야.
그러니 의심할 거 없어.

하아...
대체 무슨...
그리고 바른공화국을 누가
멸망시키려고 한단 거야?
바른공화국이 하나님 나라
최후의 보루 같은 존재니까.
당연히 사탄이
무슨 수를 써서라도 바른공화국과
기독교인들을 박해하려 하겠지.
안 그래?
머지않아 난...
...
바른공화국을 그 멸망의
세력으로부터 구해내는 일을
하게 될 거야.
유민이 네가
그 멸망의 세력에 포함되지
않았으면 좋겠어.

그러니까 제발
지금이라도 그만둬.
틱
단이
통화종료
3:04
단이는... 그냥
단순히 정부 기관에서
일하는 정도가
아닌 듯.
바른공화국을
지키는 무슨 결사대
같은 느낌이었어.
기후조작 음모론까지
믿는 걸 보면 제대로
세뇌당한 거 같고.
나 어릴 때, 바른공화국
근처에서 작은 지진이
있었는데

그때 아빠한테서 '기후조작'이란 말을 처음 들어봤어.
너네 눈에는 단이가 미친 거 같아 보이겠지만...
바른공화국에서는 단이처럼 생각하는 사람이 대부분일지도 몰라.
슈웅
흑염룡 2시간전
흑암의..세력의 도구..로 사용되고 있는 정유민 님, 하나님께로 돌아오시오ㅠㅠ...
다크소울 4시간전
바른공화국에 틈탄 악한 영은 떠나갈지어다!!!!
반대하면 공산당 1시간전
지금 태풍 오는 거 조작임. 대통령은 조작하는 놈들이랑 전쟁 선포라도 해야 하는 거 아님?
흰쫄티 2시간전
경찰은 뭐하누? 저런 선동꾼 안 잡아가고.
만희형짱 4시간전
저기서 설교 듣는 분들 너무 불쌍해요. 정유민이란 사람 거짓말쟁이네요. 사탄은 거짓의 아비죠.
그러네...
피융

난 저 사람들을
바꿀 수 없을 거 같아.
비틀
......
...?
21:42
솔로몬 님
VIP께서 정유민 님을
대면하고 싶어 하십니다.
내일 오전 8시 30분.
라이온 하우스
후문 앞에서 뵙겠습니다.
0분 전

야, 정유민!!
아, 왜?
대통령 약속 잡혔어.
..?
아, 그리고 요청사항이 있는데...
휙
라이온 하우스 후문 앞에서
뵙겠습니다.
VIP께서는 정유민 님의
설교 영상을 미리 시청하셨으며,
더 듣고 싶어 하십니다. 특별히
더 듣고 싶어 하십니다. 특별히
요한계시록의 일곱 교회에 대해
궁금해하십니다.

드디어 만난다~
바른공화국을
접수하자~ 유후~~
쿵
척
쿵
척
야, 당장 내일
아침이라고!
아, 왜 또 세상
근심걱정 다 짊어진 표정이야?
아까는 대통령 만나겠다고
굳게 결심하더니만?
계시록의 일곱 교회
부분은 공부한 게 없잖악!!
당장 밤을 새워야 하나…
야, 발 닦고
잠이나 자.
엉?
자는 동안 내가
정보 주입 시켜줄 테니까.
따
란 ~
아…
이쁜아, 과학을
잘 활용하라고.

난 먼저 잘게~
피곤한 하루였어...
휘 이 잉
수면중 정보주입
그거 하면 뭔가 잔 거
같지가 않던데...
삐꺽 삐꺽
휘 이 잉
삐꺽
삐꺽
스 윽
아, 나 아직
잠 안 들었어!
아, 그러냐.
루이스.
응?

나 다른 사람은
몰라도...
단이가 그런
생각하고 있는 거...
좀 힘들어.
...
예전의 단이로
돌아왔으면
좋겠는데...
지금은 대통령을
네 신자로 만드는
데나 집중해.
바른공화국 자체가 바뀐다면,
단이 설득하고 구해내는 건 오히려
쉬운 일이 될 거 아냐.
되게 매정하게 말하네...
사람 맘이 그렇게 맘대로 되냐고.

어휴...
참나...
머 쓱
다음 날, 라이온 하우스
흘끔

고레스 박 대통령... 실물은 처음 보네.
바른공화국 대통령
고레스 박
근데... 대통령만
보는 게 아니었구나...
최부흥 목사...
장로교 장자교단 대표잖아.
장로교 장자교단 대표
최부흥
그리고 노영성 목사... 나근본 목사...
반축복 목사... 죄다 유명 목사들이네...
나근본
감리교 참장자교단 대표
반축복
너무 부담스러운데...

저분이
정유민 님인가요?
예. 대통령님께서
만나보고 싶어 하신
그 정유민입니다.
그렇군요.
하 하..
정유민 님, 전 설교 듣는 거
좋아합니다. 특히...
저를 막 찔러주는
설교 좋아해요.
지금 한번
해주실래요?
아... 지금요?

네, 지금요. 막 찔러도 돼요.
막 찔러주세요.
뭘 자꾸 찌르래...
변태인가...
뭘 어떻게 찔러야 할지...
잘 모르겠는데...
아이고, 우리 최부흥 목사님이
한번 보여주셔야겠네.
우리 대통령님께선
계시록의 일곱 교회 설교를
특히 좋아하십니다.
대통령님. 하나님께서는
오늘 대통령님께 일곱 교회 중,
에베소 교회를 향한 메시지를
들려주고 싶어 하십니다.
에베소 교회는 주님을 위한
열심이 있던 교회였습니다.
고난을 잘 견뎠고, 교회 안에 틈탄
이단과 거짓 세력들을
잘 몰아냈지요.

하지만 에베소 교회에
빠진 게 있었습니다.
주님을 향한 '처음 사랑'을
잃어버렸지요.
아...
대통령님. 저는
대통령님께서 처음 주님을
영접하셨을 때의 그 뜨거움을
기억합니다.
그런데 지금은 어떠십니까?
요즘 대통령님께선 새벽기도회도 잘
안 나오신다는 얘기가 들립니다.
대통령님께선 주님을 향한
그 첫사랑을 버리신 겁니까?
아... 주여...
아무리 열심히
많은 일을 하셔봤자!

주님을 향한 첫사랑을 잃어버리시면
그런 열심은 전부 악취 나는 오물과 쓰레기가
될 뿐입니다! 대통령님!!
버럭!
주여! 주여! 아아!!!!!
저... 그런데...
??
'처음 사랑'을 버렸다는
에베소 교회를 향한 책망은...
그런 의미가 아닌데요...
그런 의미가
아니라니??

우선… 대통령님은 왜 찌르는 설교를 좋아하십니까?
귀에 듣기 좋은 설교는 딱 질색이거든요.
저를 회개할 수 있게 해주는 강력한 메시지가 늘 필요해요.
그런 메시지를 들으면 정말 회개가 되십니까?
그럼요.
그래서 바뀌셨나요?
뭐가요?
?
대통령님의 평소 생각이나 가치관, 행동들이 바뀌셨냐고요?
뭐… 글쎄요.
저도 예전엔 저를 막 혼내 주는 설교 되게 좋아했습니다.

거룩하게 살지 못한 저의 내면을 찌르고 때려주는 그런 설교를 듣고
실컷 울고 기도하고 나면
뭔가 내 안의 큰 문제가 해결된 것 같은 만족감이 느껴졌어요.
근데 그런 만족스럽고 편안한 상태는 그리 오래 못 갔죠. 저는 삶 속에서 또 넘어지고, 죄를 짓고.
그러다 보면 다시 또 저를 때려주는 설교가 듣고 싶어지죠.
그런 반복 속에서 살아왔습니다. 그리고 그런 무한 사이클은 결과적으로 저를 변화시켜주지 않더라고요.

저는 방황했고,
'새예루살렘'이라는 사이비 종교에
들어가기도 했습니다.
거기서 탈출한 뒤에
이 친구들을 만났어요.
그리고 함께 요한계시록을 탐구해가며,
초기 기독교인들이 무엇을 중요시했는지...
REVELATION
요한계시록이 지금 우리에게 주는
메시지가 뭔지를 알아가기 시작했습니다.
대통령님께 적어도
한 가지는 분명히 말씀드릴 수
있습니다.
좋은 메시지는,
죄책감을 안겨주고 찌르면서 결국
감정적인 카타르시스로
끝나는 게 아니라

어떻게 이 메시지대로 살아야 할지에 대한 실제적인 고민으로 이끕니다.
쟤 내가 키웠어.
쟤 내가 먹였어.
그 어떤 설교자도 나한테 정유민 님처럼 얘기해준 사람은 없었습니다.

아니 저, 그래서, 내 에베소 교회 얘기가 어디가 잘못됐다는 거죠?
에베소 교회가 잃어버렸다는 그 '처음 사랑'도, 감정적인 카타르시스가 아니라는 겁니다.
아, 그거야 당연하지요! 내가 그런 의미로 말했겠습니까? 주님을 잘 섬기고자 하는 그 태도를 말한 거지요! 새벽기도든 예배든 성심성의껏 섬기는 태도요!
그럼 에베소 교회가 예배를 소홀히 드려서 이런 책망을 받았단 말인가요?
...
일단 '처음 사랑'이 어떤 사랑인지에 대해선 학자에 따라 해석이 갈립니다.
흠흠
대부분의 학자들은 이것을 '서로에 대한 사랑'이라고 해석했어요. 요한1서를 근거로.[1]

그래서 제임스 모팻이라는 학자는 그 구절을 이렇게 번역하기도 했고요.[2]
"너희는 처음처럼 서로 사랑하는 것을 포기했다."
슈웅
하지만 다른 학자들은 이걸 '그리스도에 대한 증언'으로 해석하기도 해요.[3]
†
무슨 근거로 그렇게 해석합니까?
끄응..
복음서에서 예수님께서 하신 말씀을 근거로요.
많은 사람의 '사랑이 식어질' 마지막 때에 일어나야 할 일을 '복음의 증언'이라고 하셨죠.[4]
†
그래서요?
어느 해석이 맞단 말입니까?
'처음 사랑'은 '서로 사랑'입니까,
'복음 증언'입니까?

뭐 어느 쪽이든, 내가 새벽기도 가고 안 가고와는 별 상관이 없는 거 같군요?
아니요, 대통령님, 진리는 단순하고, 명쾌합니다.
저 정유민이란 자가 하는 말처럼 이 해석도 있고, 저 해석도 있고 이런 게 어떻게 진리입니까?
그래요... 저도 여태껏 최 목사님처럼 생각했어요.
근데 지금 생각해보니, 너무 단순하고 명쾌한 얘기들은...
예쁘게 포장된 상품 같은 느낌이 문득 드는군요.
예? 사...상품이요?
에베소 교회가 교리적인 순수성을 지키려 애쓴 교회였다고 했지요...
그렇게 교회가 방어적으로 분투하는 데에만 온 힘을 쏟다 보면

자칫 서로에 대한 사랑도
잃어버릴 수 있고
복음을 증언하는 일에도
소홀해질 수 있지 않겠어요?
전 그 두 해석이
다 필요한 거 같군요.
지금의
저에게도...
그리고 우리
바른공화국에도.

1 요한1서 2:7-11; 이병학, 『요한계시록: 약자를 위한 예배와 저항의 책』(새물결플러스), 120; Gregory K. Beale, 『NIGTC 요한계시록(상권)』(새물결플러스 역간), 395. Beale 자신은 다르게 해석한다.

2 James Moffat의 번역 원문은 "You have given up loving one another as you did at first"; Gregory K. Beale, 395에서 재인용.

3 Gregory K. Beale, 같은 글. Beale 자신의 주해.

4 마태복음 24:12-14; Gregory K. Beale, 같은 글.

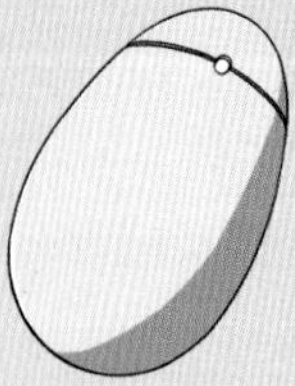

Chapter
11
국가 숭배

이제 저는 주일예배를
라이온 하우스에서가 아니라…
정유민 님의 '유민이네교회'로
가서 드리고 싶네요.
!!!!
!!!!

정유민 님,
그래도 될까요?
네, 대통령님.
환영합니다.
자, 오늘은
여기까지 하죠.
대,대,대통령님!!
너무 성급한
결정이십니다!!
대통령님.
네.

정유민의 설교가 마음에 드셨다는 건 잘 알겠지만...
아직 어린 청년이고, 충분히 검증이 안 된 인물입니다.
새로운 경험이었어요.
지금껏 내 신앙이라는 게... 계속 헛돌고 있다는 느낌을 받았었는데...
그런 만족스럽고 편안한 상태는 그리 오래 못 갔죠. 저는 삶 속에서 또 넘어지고, 죄를 짓고.
그러다 보면 다시 또 저를 때려주는 설교가 듣고 싶어지죠.
그래요, 그런 건 기껏해야 자기 위로 정도에서 그칠 뿐이죠.

아무것도 바로잡지 못하고,
그냥 나 자신만 위로하는 게
신앙이라면...
이젠 그런
신앙에서 좀 벗어나고
싶어지네요.
씨익
고라니의 방
끼익
부르셨습니까.
가까이
오세요.
스윽

이제 온건 씨가...
빛의 아이로서 사명을 감당할
때가 왔습니다.
뭘 해야 할지
알고 있죠?
네.

끼이
스윽
끼이
김단 씨도 이리 와요.
탁
네...
!!
이제 김단 씨도, 빛의 아이로서 사명을...
자,잠시만요.

...왜 그러시죠?
머쓱
제가 아직... 준비가 안 된 거 같아서요.
일주일만 시간을 주시면 안 될까요?
이미 때가 왔습니다. 늘 준비되어 있으라고 제가 말하지 않았습니까?
죄송합니다...
......
24시간 드리지요.
메엥

둠칫
둠칫
둠칫
경 대통령포섭 축
둠칫
이~ 만화에서
주인공은 절대
죽지 않아~
둠
소리질러!
칫
오케이 계획대로 되고 있어~
오케이 계획대로 되고 있어~~
둠칫
꺄아!!
똑 똑 똑
축배를 들어라~
어? 누가
왔는데?
엥?
이 시간에
누가...
탁

시끄러워서
아래층에서 올라왔나?
다,단이야!
불쑥 찾아와서
미안한데...
나랑 얘기 좀 하자.

김단 씨가 왔네?
그러네.
근데 일단 넌 좀 숨어야 할 듯.
어? 왜?
?
잠깐 들어가도 돼?
아아, 방이 좀 난장판인데…
무슨 상관이야.
탁
아니, 대체 왜엑!
옿… 옿… 오해… 오해한다고…
낑
낑
이…
이…이…
!!

내가 왜 숨어야 되냐고
이 냉장고야!!
어엌!
콰
아...
여자친구분...
있었구나.
?
오해 완료.
하지만.. 꽤
재있을지도?

아아아, 저, 단이야
내가 다 설명할게, 나가서
얘기하자!
슥
슥
앉아.
!
!
?!
앉으라고, 다들.
얀?!

오...오해야, 단이야...
걔 내 여친 아냐...
?
쿡
하아...
대체...
단이야, 일단
너랑 둘이서만 얘기
좀 하면 안 될까?
아니, 대체 뭔 얘길 하는 거야?
네가 여친이 있든 말든 그게
나랑 뭔 상관이야?
어어...?
너한테 처음 연락이
왔을 때 놀랐어.
네가
책임져라
뭘
책임져
고마웠어.
날 기억해줘서.

나도 하나하나 다 기억이 나더라. 네가 나한테 얼마나 소중한 친구였는지.
친구...
그리고 생각했어. 바른공화국을 위해 내가 해야 할 중요한 일들이 있지만...
아마... 바른공화국을 지켜내기 위한 큰 소동이 일어날 테지만...
그 속에서 넌 꼭 지켜내야겠다고.
그런데...
왜 유민이 네가 바른공화국을 무너뜨리는 일을 하는 사람이 되어 있는 거야?

네가...
지금이라도
마음을 바꾸지
않으면...
내가 널...
죽여야만 하는
상황이 오게 될 거야.
단이야, 일단...
우리 충분히 얘기를
해보자. 응?
그럴 시간 없어,
빨리 대답해.

'유민이네교회'
그만둘 거야, 말 거야?
알았어,
대답할 테니까... 그 전에 너도
하나만 얘기해줘.
뭘?
너희 가족...
불법체류자라서 온갖 차별을
받았었는데...
지금은 네가 불법체류자들을
추방시키고 있잖아?
멈칫
왜 너한테 고통을
주던 사람들의 자리에
가게 된 거야?
......

그래, 나도 불법체류자였지. 추방되어야 마땅한.
하지만 우리 가족이 추방되기 직전에
고라니 선지자님을 만났어.
그리고 제안을 받았지.
이전까지의, 바른공화국에 충성하지 않은 삶을 회개하고
바른공화국을 위한 '빛의 아이'로서의 사명을 감당하기로 한다면

우리 가족을 추방에서
면제해주겠다고.
그래, 처음엔 다른 길이 없어서
그 제안을 받아들였어.
하지만
고라니 선지자님은
나를 차근차근, 바른길로
인도해주셨지.
왜 바른공화국이
하나님의 나라인지
왜 우리가 이 나라를 목숨 걸고
지켜내야 하는지.
난 이제 확실히 알아.

대체 무엇으로부터 지키는 거야?
바른공화국을 무너뜨리려는 세력으로부터.
그런 세력이 어딨는데?
곳곳에. 아주 많이. 그리고 어쩌면...
지금 내 앞에도.
......
두려움이 너를 삼켜버린 거 같아.
단이 너한테 예수님은 어떤 분이야? 하나님 나라는 뭔데?
바른공화국이 하나님 나라야. 예수님은 이 나라를 지키시는 분이고.

진짜 이상하네...
뭐가?
너한테 예수님이란 존재는 그냥...
바른공화국이라는 세속 국가 시스템을 위해 이용되는 아이콘 같아.
네가 읽는 성경 말씀들이, 네가 가진 신앙이, 네가 외치는 예수님이
그 모든 게 결국 향하는 곳이 '바른공화국 수호'라면...

사실상 너의 신앙의 대상은
예수님이 아닌 거지.
너의 신은 '바른공화국'이야.
넌 국가를 우상으로
숭배하고 있는 거야.
유민아,
나 이제 알겠어.
뭘?
네 혀에 뱀이
들러붙어 있단걸.

흠칫
네가 내 친구라도
어쩔 수 없어.
꽈
네 혀로 멸망하게 될
수많은 사람을
위해서라도…
휘익
널 멈춰
세워야겠어!
푸욱

휘청

음...
우웅
꽤 오랫동안
극도의 긴장과 두려움 속에
있었던 거 같음.
휴식이 필요한
상태임.
덜컹
덜컹
휘이잉
네 팔이... 괜히
나 땜에...
훌쩍
훌쩍

야.
엉?
너 내 군사야.
내 군사는 무슨 일이 있어도
지킨다고 말했잖아.
까먹지 마.

Chapter

12

고라니가 이루려는 것

슥
02:46
너무 늦어...
너무 늦어...
슥
꾸욱
한 녀석 때문에
모든 게 지체되고
있잖아!
띵
탁
여보세요.

일정에 차질이 생겨서... 김온건 씨가 해야 할 일이 하나 늘었습니다.
뭔가요?
예. 예. 아... 예.
알겠습니다, 그것부터 하죠.
저기...
붕대는 충분히 맨 듯한데?
어, 그러네.
두
둥

단이 깨기 전에
정리를 좀 해보자.
일단 '고라니'라는
어떤 존재가 있어.
아마도 권력을
가진 듯한.
고라니는 어떤
거대한 목적을 위해,
단이 같은 궁지에 몰린
아이들을 이용하기로
한 거 같고.
그런 거 같아.
그게 뭘까?
......
그런데...
그렇게 권력에
의해 이용되고
있는 아이라면

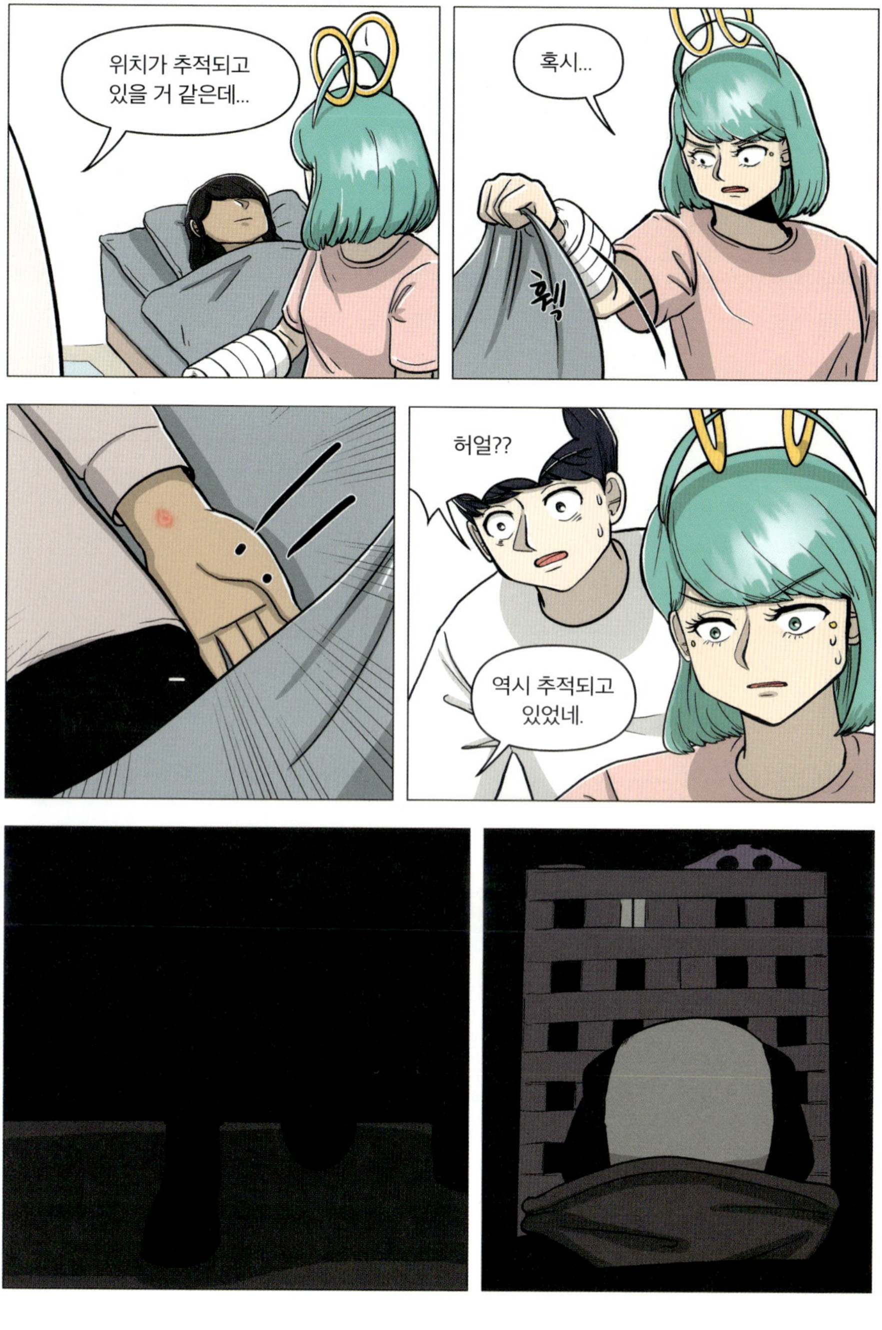
위치가 추적되고
있을 거 같은데...
혹시...
홱
허얼??
역시 추적되고
있었네.

내 생각에는
일단 추적이 안 되는
곳으로 이동하는 게
낫겠음.
추적
안 되는 곳?
지구 바깥.
두
둥
탁
탁
탁
탁
스윽
!!!

탓
탓
탓
어?
엉?
정유민...

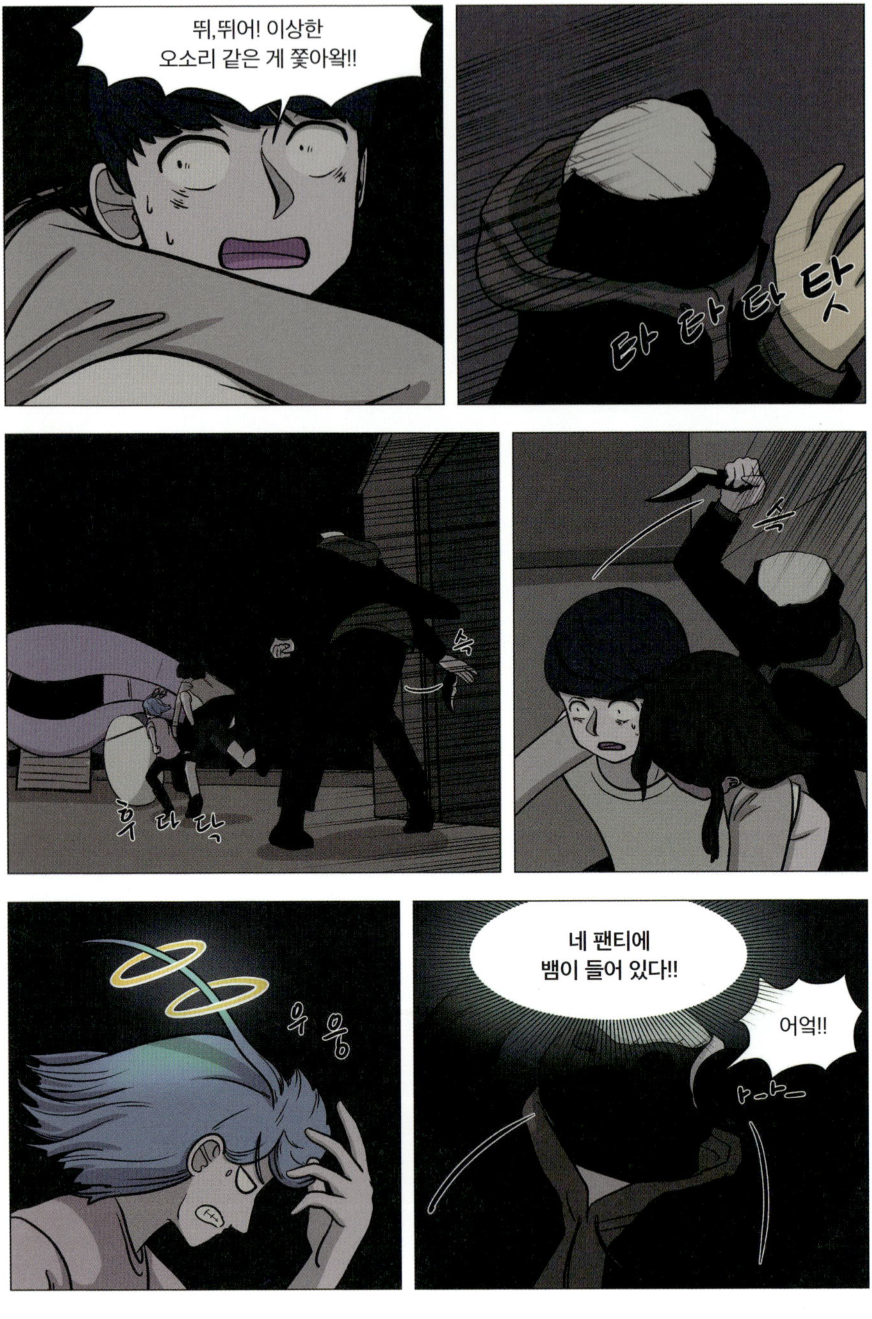
뛰,뛰어! 이상한
오소리 같은 게 쫓아왁!!
타 타 타 탓
슥
후 다 닥
슥
우 웅
네 팬티에
뱀이 들어 있다!!
어억!!

우다다
스탁
덥석
빨리...
빨리...
이야압!!
슈우우
우우웅
바둥
바둥
쑥
억.
콩
슈웅

휴… 살았네.
뭐야,
너희들?
어. 깼다.
뭐야, 지금
어디로 온 거야?
우주야.
지구 바깥.
나…난 여기 있으면 안 돼.
이제 시간이 얼마 없을 텐데…
김단 씨.
탁
여기선 아무도
김단 씨를 해칠 수 없어요.
그러니 잠깐 진정하고…
그 '고라니'라는 사람에 대해
얘기해줄 수 있어요?

무슨 얘기를요?
고라니가 결과적으로 이루려는 게 뭐예요?
말했잖아요. 바른공화국을 거룩한 나라로 지켜내는 거.
...그게 다예요?
네...
그 뒤에는요? 김단 씨가 '빛의 아이'로서 사명을 잘 감당하고 나면 어떻게 되는데요?
휴거되죠.
휴...휴거??

아무나 휴거될 수 없거든요. 거룩한 사명을 감당한 사람한테만 허락된다고 그랬어요.
그래서 저랑 저희 부모님까지는 다 휴거될 수 있다고 하셨는데...
지금 여기서 이러고 있다간, 모든 게 엉망진창이 될 거라고요!!
휴거라...
띵
어딘가로 이동시키려는 건가...?

어.
왜?
지금 지구를 향해서 어떤 함선이 접근하고 있는데.
마모니안들 같음.
뭐어??
꽤 큰 함선임. 규모가 큰 듯.
아니, 마모니안들이 지구에 올 이유가 뭐야?
음... 노동력이 필요해졌을 수도? 아니면 군사력이라든가.
마모니안?

들어본 적 있어.
들어본 적 있다고??
고라니 선지자님 방에 약속 시간보다 좀 일찍 간 적이 있어.
뭔가 아주 높으신 분들이랑 깍듯이 통화하시길래, 궁금해서 나도 모르게 좀 엿듣게 됐는데.
고라니 선지자님이 그 높으신 분들을 마모니안이라고 불렀거든.
고라니라는 사람... 마모니안의 지시를 받고 움직였구나.
쳇

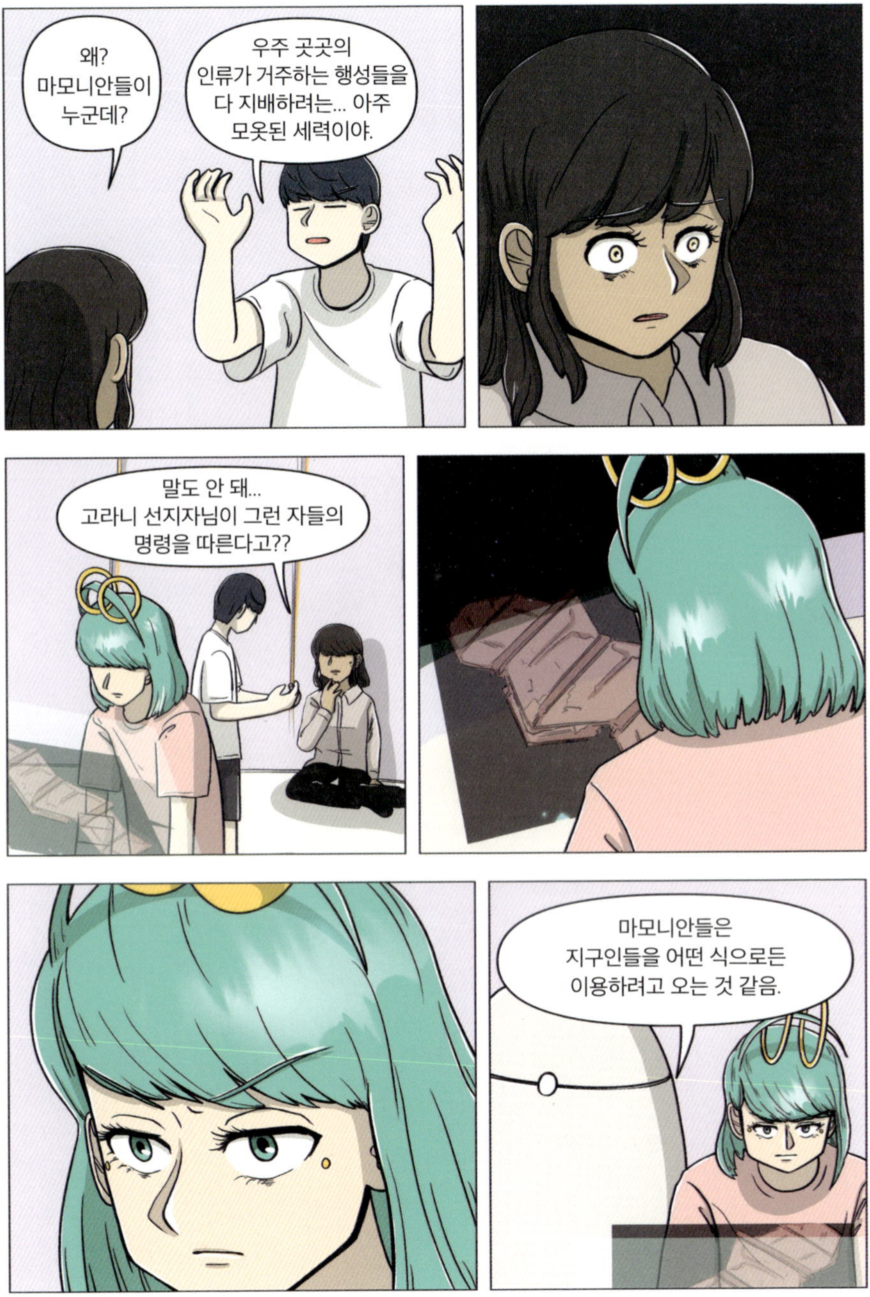
왜?
마모니안들이
누군데?
우주 곳곳의
인류가 거주하는 행성들을
다 지배하려는… 아주
모옷된 세력이야.
말도 안 돼…
고라니 선지자님이 그런 자들의
명령을 따른다고??
마모니안들은
지구인들을 어떤 식으로든
이용하려고 오는 것 같음.

고라니는 그걸 위해서
사전작업을 하는 사람 같고.
얘네 지구 도착하려면
얼마나 걸릴까?
보자... 한 일주일
정도면 도착할 듯?
정유민!
휙
네가 그 안에 가능한
많은 사람을 설득해내야 해.
지구인들이 마모니안들에게
다 먹혀버리지 않으려면.
탁
아... 너무 촉박한데...
무슨 수로 그 많은 사람에게...
야. 우리는
대통령을 포섭했잖아.

그러네! 모든 걸 대통령님한테 먼저 얘기해야겠다!
근데 그러려면... 좀 빨리 돌아가야 할 거야.
엉?
나 말고 다른 '빛의 아이'가 할 일 중 하나가
대통령 암살이거든.

슈-
-웅
대통령님이 지금 어디 계신지 알 방법이 없을까?
우리가 갖고 있는 정부 사람 연락처는
솔로몬 킴밖에 없음.
솔로몬 킴?
근데…
이렇게 밤늦게 전화해도 될까…?
아, 지금 그게 문제야?? 빨리 걸어!
아오
탁
연결중
솔로몬님

잠깐만,
솔로몬 킴은...
피 링
정유민
솔로몬 킴은
고라니 선지자님이야.
?
...뭐??
네, 정유민 님.
탁

무슨 일이죠?
통화하면서 시간을 끌어.
우리가 고라니가 있는 곳에 도착할 때까지.
끄덕
아 저, 다음 주부터 대통령님께서 저희 교회에 설교를 들으러 오시잖아요~
고라니 어딨는지 알죠?
너무 위험해요.
도리
도리

네네~ 대통령님은
무슨 음식 좋아하시나요?
준비 좀 해놓으려고요~
네네~
우리가 아무것도 안 하고 있는 게
더 위험해요. 고라니 위치 알려줘요.
여기 주소를
찍어주시면
됩니다.
타닥
타닥
자, 출발.
꾹
네? 해물팗ㄴㅇ러ㅑㅕ~
슈
웅

빠 슝
해물파전이요?
네네~
저벅
저벅
파는 쪽파를
넣어야 한다고요?
네네~
문이 열립니다.
해물파전이면 막걸리...
아, 아닙니다. 네네~
네네, 그럼 고 정도
준비하면 좋아하시겠죠?
네네~
여기예요.

슥
저 김단입니다.
들어와요.
끼이익
스

!
!
!
틱 틱 틱
부들
부들
스윽
풀썩
저벅
저벅
팍
지지직

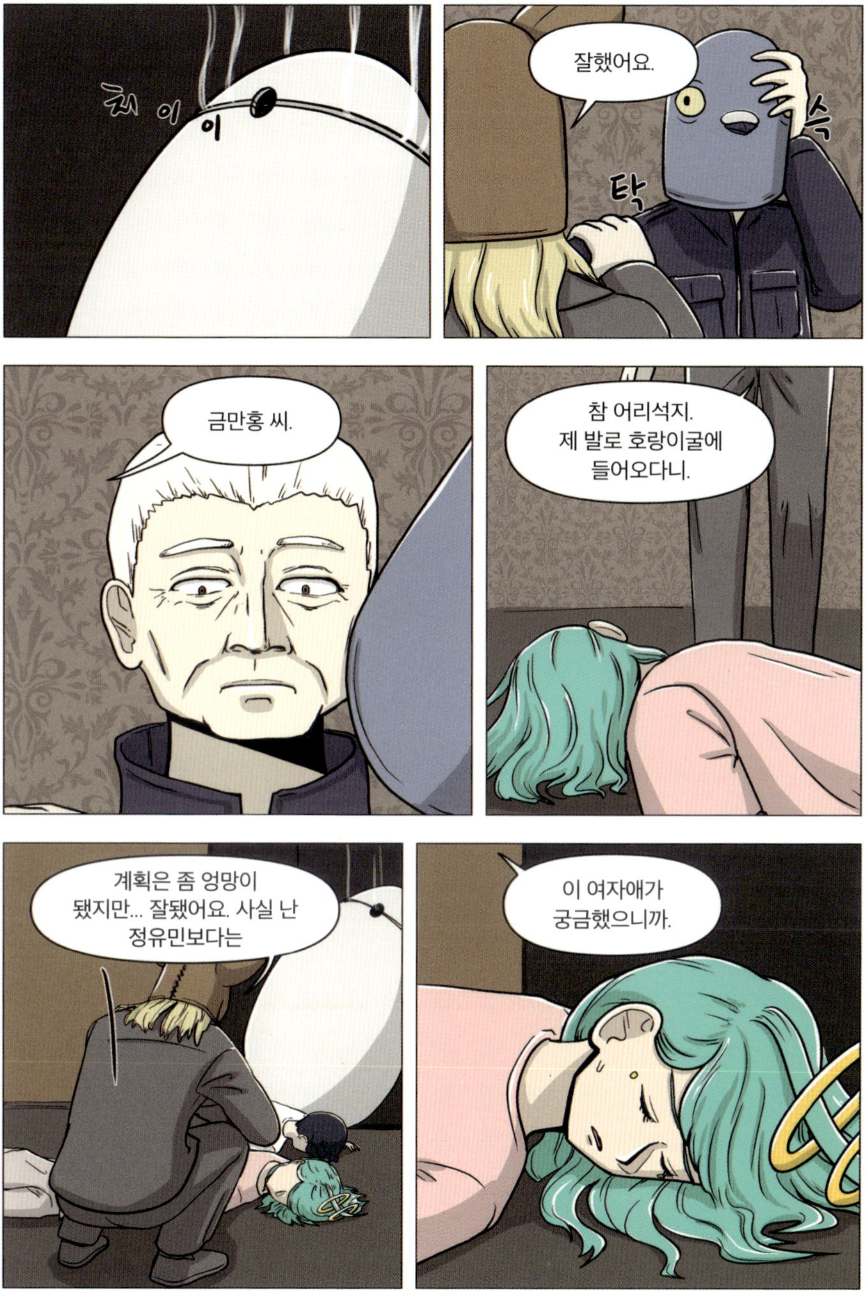

치이이
잘했어요.
스
탁
금만홍 씨.
참 어리석지.
제 발로 호랑이굴에
들어오다니.
계획은 좀 엉망이
됐지만... 잘됐어요. 사실 난
정유민보다는
이 여자애가
궁금했으니까.

Chapter

13

기독교와 사이비의 차이

!!
!
나오라...!

나오라...
그게 네 이름이냐?
그때 뇌파 음성 쓴 거,
정유민이 아니고 너였지?
이 보잘것없어 보이는 모임에
후원하고자 하는 그 마음이...
아...
귀하구나!
아악!!!

이런 건 지구에서
구할 수 있는 게 아닌데...
너 어디서 왔어?
네가 알 거 없다.
반과당
아악!!
어엇 고라니 님!!
괜찮으십니까?
약은
가져왔습니까?

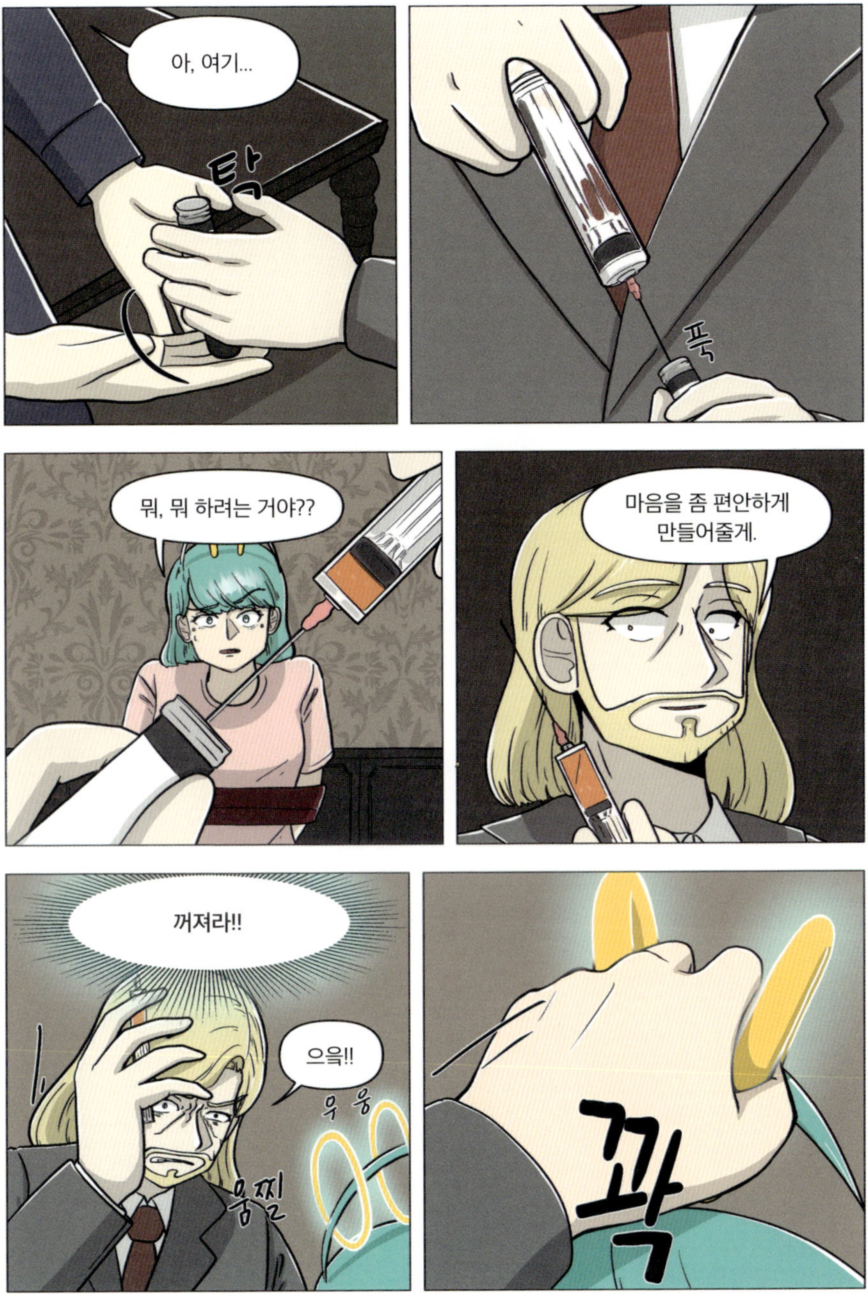
아, 여기...
탁
푹
뭐, 뭐 하려는 거야??
마음을 좀 편안하게
만들어줄게.
꺼져라!!
으윽!!
우웅
움찔
꽈악

장난질 그만해!
악!!
팍
무슨 짓이야!!
!?
잠깐 저 애 좀
붙잡고 있어 봐요.
아, 예.
톡
하지 마...
탁
탁
하지 마!!
야이 자식아!!!

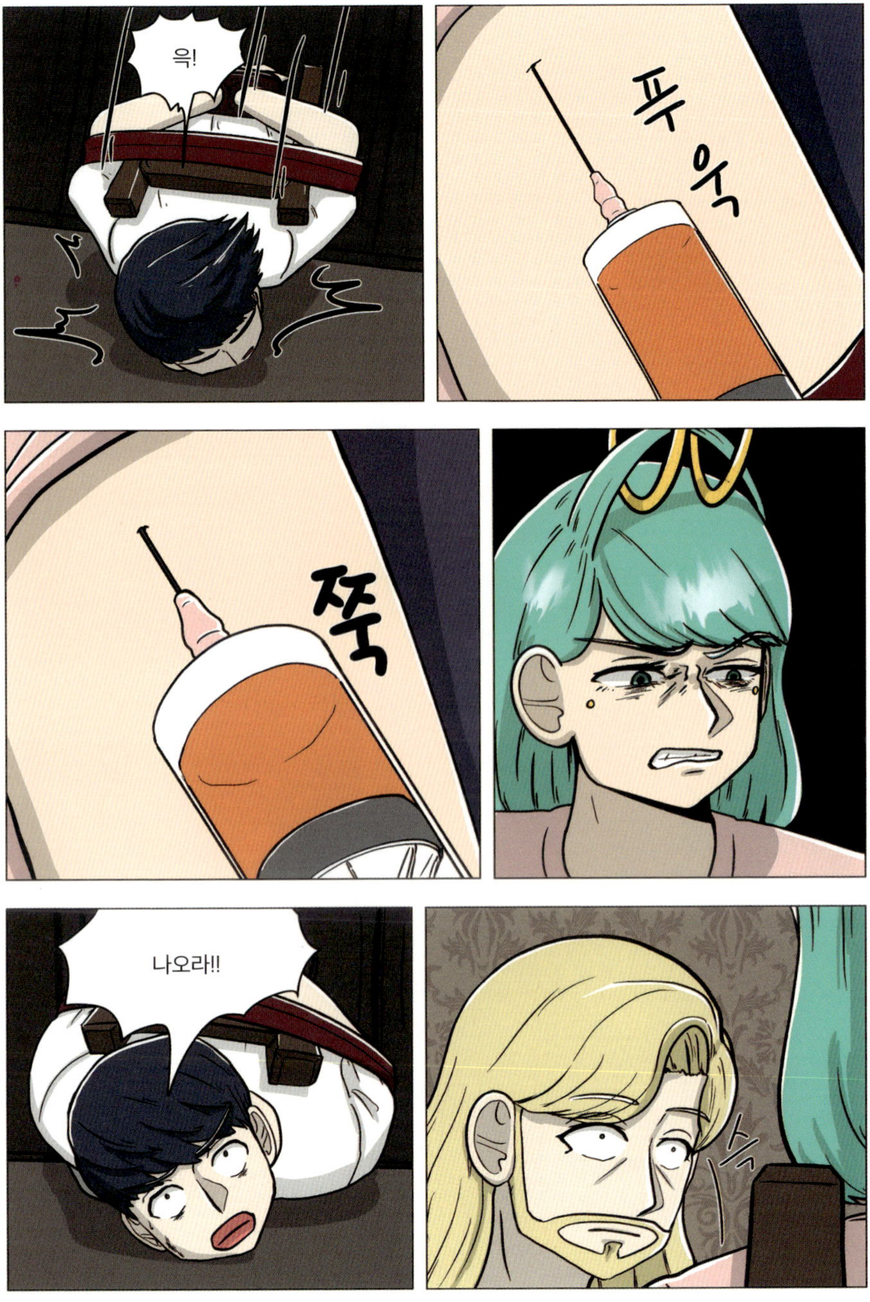
윽!
푸욱
쭉
나오라!!

으으…
그래. 이제 좀 대화가 되겠네.
무슨 약을 넣은 거야?? 나오라 정신 차려!!
자, 다시 해보자.
넌 어디서 왔니?
탁
테라페이아…
주륵

테라페이아?
얼마 전에 마모니안 님들에게 병합된
그 테라페이아 행성 말이야?
그래...
거기서 굳이
지구로 왜 왔지?
테라페이아에서...
마모니안들을 몰아낼...
군사를 모으러...
푸욱
부들
부들
하하하하하!
아... 이런 횡재가 있나...
벌
떡
너는 내가 예쁘게
잘 보관해뒀다가...
탁
곧 오실 마모니안 님들께
선물로 드려야겠다.

대통령 자택
NO SIGNAL
NO SIGNAL
NO SIGNAL
NO SIGNAL
후우...

탁
쾅
스윽
철컥
칼 버려.

......
칼 버리라고.
대가리 날려버리기 전에.
......
얘네들 좀
지키고 있으세요,
금만홍 씨.
예.

스슥
언제부터죠?
?
언제부터 저 고라니
밑에서 일하게 된 거냐고요?
당신 내 신자됐었잖아?
그랬었지.
어찌 아셨나이까...
어찌 아셨나이까,
하나님의 사자시여!!
넙
죽

하지만 정유민 너한테선
영적인 만족을 얻지 못했어.
영적인 만족?
내가 사이비 종교를
만들어봐서 아는데…
띵
사람들을 영적으로 만족시키려면
세 가지가 필요하거든?
두려움, 적대감,
그리고 소속감.
뭔 소리야…?
분명한 '적'을 설정해야
한단 말이야.

타 종교인이 되었든, 동성애자가 되었든, 아니면 바른공화국 외부 세력이 되었든.
그 '적'들에 대한 두려움과 적대감이 신자들을 하나되게 해주거든.
신자들은 서로 사랑함으로 하나되는 거야. 외부에 대한 두려움과 적대감이 아니라!
ㅋㅋ 넌 종교 지도자답지 않게 되게 순진무구하구나.
서로 사랑함으로 하나되는 일 같은 건 현실에선 일어나지 않아.
역사를 잘 봐. 어떤 공동체를 하나로 뭉치게 한 건 항상 외부 세력에 대한 적대감이었어.

그런데 정유민 넌 신자들에게 '적'을 선명하게 각인시켜주기는커녕
자꾸 이 세상과 이웃에 대한 책임감만 주려 했지.
지금 바른공화국에 속한 우리 모두의 모습이기도 합니다.
우리 사회는 사회적 약자를 억압하고 착취하는 죄악뿐만이 아니라
하나님이 지으신 이 자연 세계마저 착취하고 파괴하는 죄악을 저질러 온 겁니다.
신자들은 그런 거 싫어해.

“내 백성아,
거기서 나오라”
처음 보여드렸던 계시록의
이 메시지대로 하는 겁니다.
바른공화국이 약자들과
피조세계를 향해 저지르는
죄악을 폭로하고
사람들이 그 죄악에
참여하지 않고 빠져나올 수 있게
도웁시다.
특히 신자 자신이
속한 국가를 비판하는 건
그야말로 최악이지.
자신이 속한 국가,
자신이 몸담은 종교.

그런 소속감을 건드리는 인간 곁에 누가 남아 있겠어?
초기 기독교인들은...
자신이 속한 로마 제국이라는 국가의 죄악을 끊임없이 인식하고, 비판했어.
그 비판의식의 흔적이 요한계시록에 가장 선명하게 담겨 있고.
두려움과 적대감과 소속감?
그런 조건은 너 같은 사이비한테나 필요하지,
'기독교인'한테는 필요 없어.

픽
충전중
번쩍
누가 보냈어?
......

누가 보냈냐고
묻잖아!!
어? 대통령님
뒤에!
뭣?
악!!
타앙!

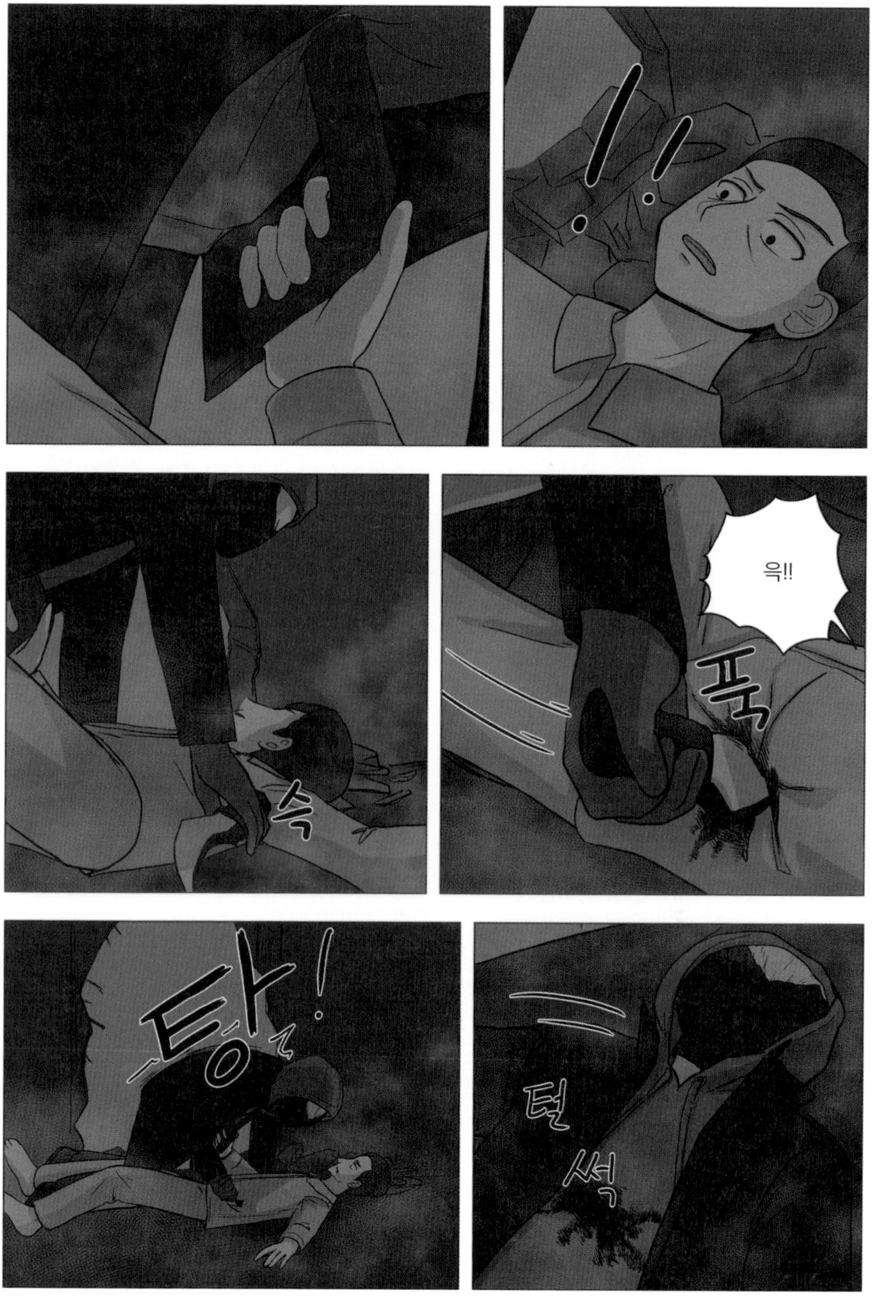
!!
읔!!
슥
푹
탕!
털
썩

부들
누구야!!
누가 보냈냐고!!!
대통령님?
충전중 50%

번 쩍
벌떡
피 융
우 웅
뿅
우 웅

!!
오, 루이스!!
이게 어떻게
살아난 거야!!
휙
휙
두
웅
리튬-공기 배터리라고
들어봤나?
탁
탁
그...그게 뭐야?
?

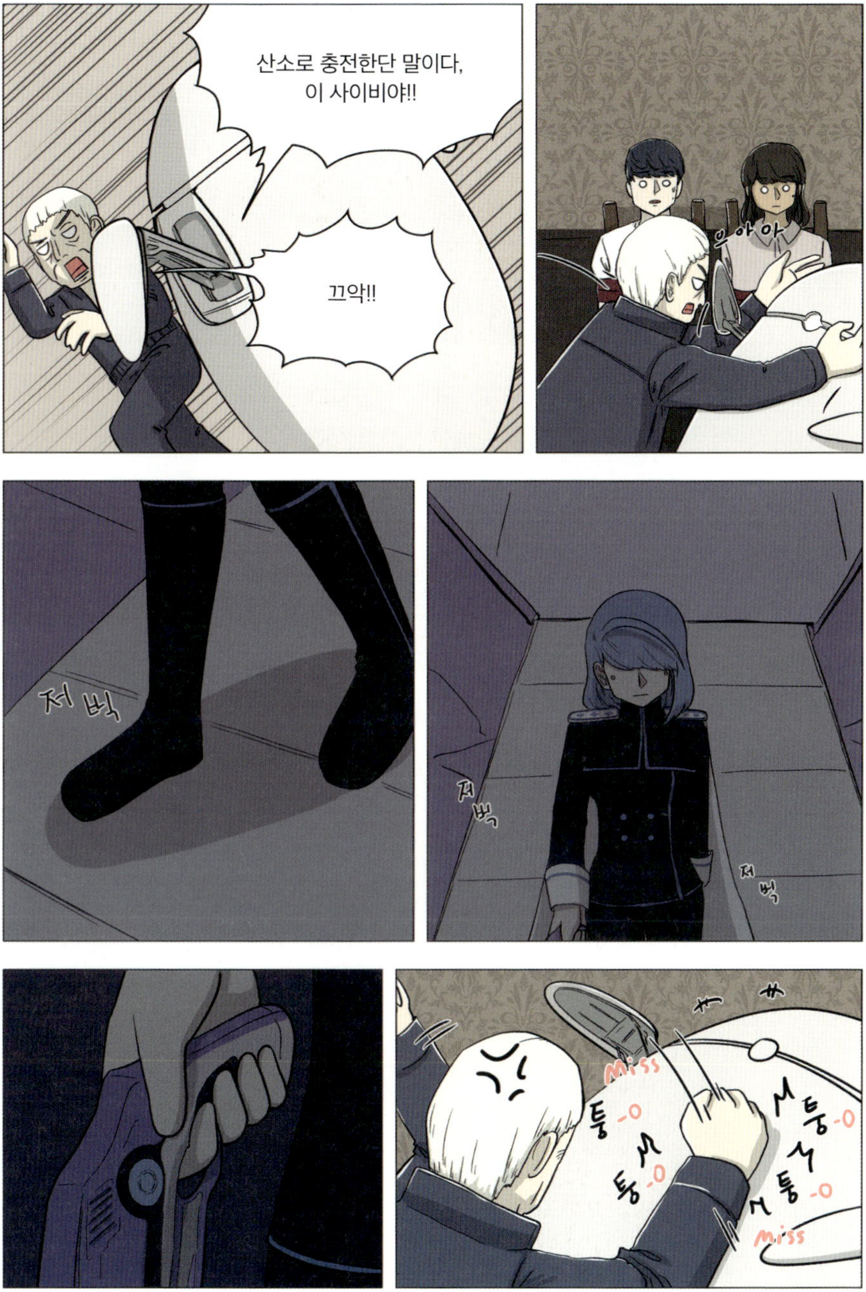
산소로 충전한단 말이다,
이 사이비야!!
끄악!!
으아아
저벅
저벅
저벅
Miss
둥-O
둥-O
둥-O
둥-O
Miss

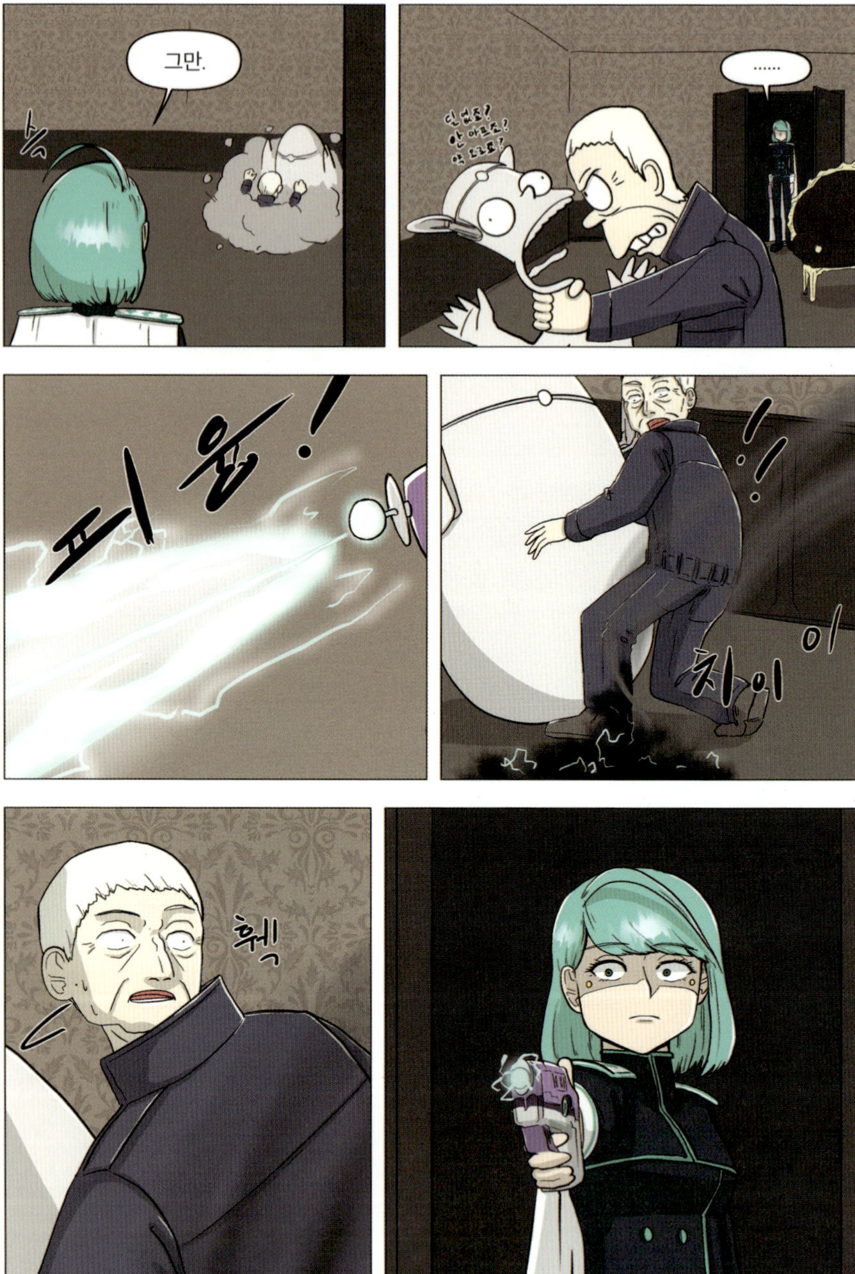
그만.
......
안 아프죠?
약 오르죠?
피융!
!!
치이이
휙

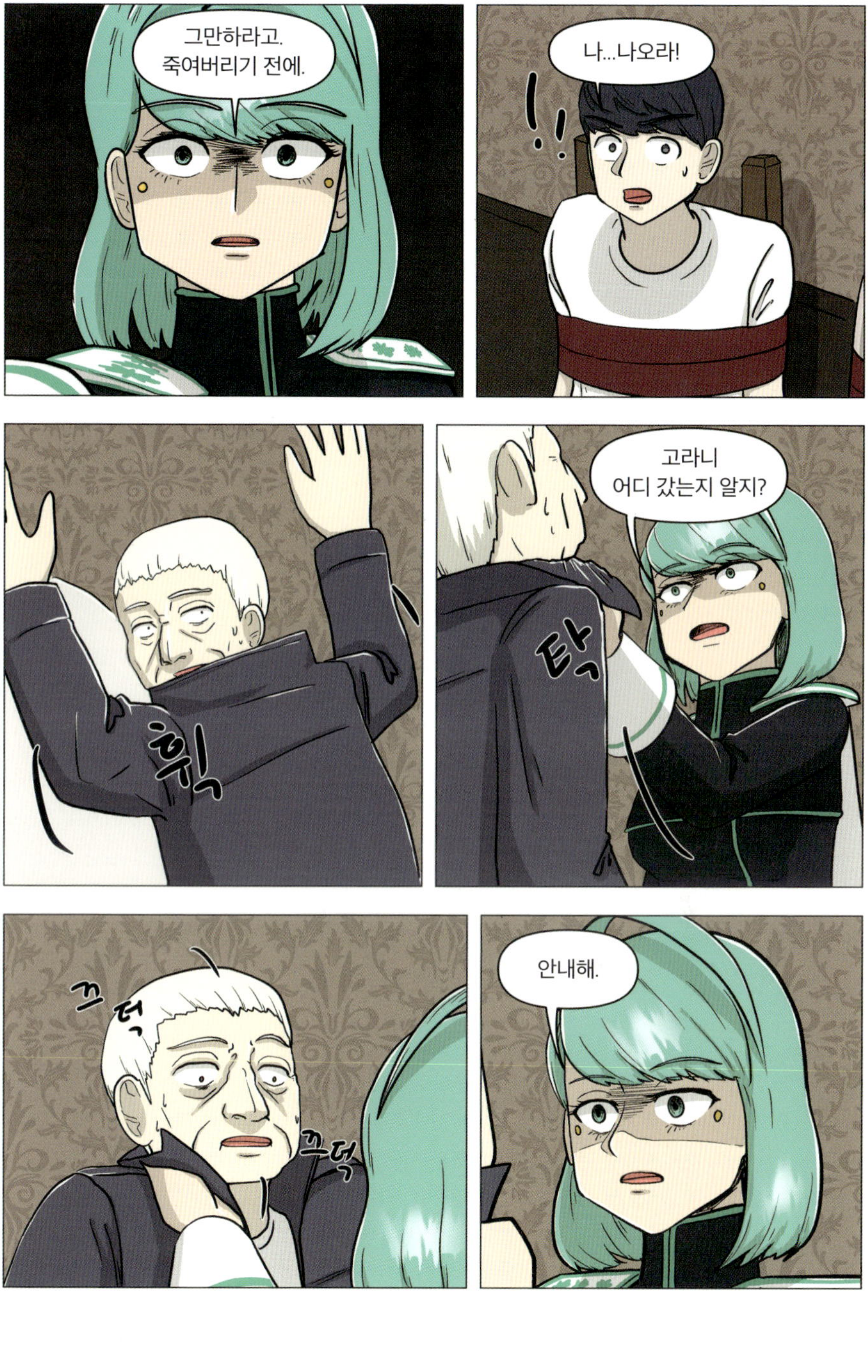
그만하라고.
죽여버리기 전에.
나...나오라!
!!
휙
고라니
어디 갔는지 알지?
탁
끄덕
끄덕
안내해.

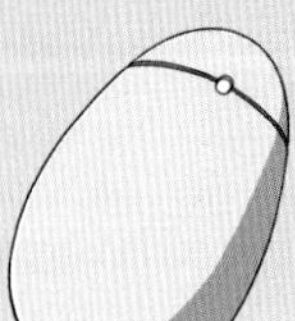

Chapter

14

계엄령

대통령 암살이 뜻대로 안 되어서, 아마 그곳으로 직접 갔을 겁니다.
대통령 사저…
나오라, 뭘 어쩌려고?
나한테 약물 주입한 그 자식 죽여버리게.
자, 잠깐만 나오라. 조금만 진정하고…
뭘 진정해?
일단 대통령을 구하는 데 집중하는 게 어떨까?
왜? 그 자식 죽이면 안 돼?

살인…이잖아.
더 나은 방법으로…
너한테 누구를
죽이라곤 안 할게,
기독교인. 근데…
날 마모니안들한테
제물로 바치려고 한 놈,
나는 그냥 둘 수 없어.
애 애 애 애 애 앵ㅡ
뭔 소리임?
이 소린…
계엄령이야.
계, 계엄령??
애 애 애 애 앵

애 애 애 애 앵、
'현재 시각부터 전국에
계엄령을 선포합니다.'
애 애 애
'밤 10시부터 새벽 4시까지
이동이 금지되며'
애 애 앵、
애 애 애 애
애 애 앵

대체 왜 계엄령을
내린 거지??
혹시 대통령이...
죽은 거 아닐까?
계엄령이고 뭐고,
출발해!
벌떡
나오라. 우리가
군대를 상대할 순 없어.
나와, 이 냉장고야!
억
팍
위치이동
꾹
슈우웅

나오라, 군인들이야!
일단..
야, 얍!!

!
누가... 죽었어.
!?
1시간 전
솔로몬!
후다닥
괜찮으십니까?

어떻게 알고 왔나?
사저 보안 시스템이 통신 두절된 걸 보고 바로 왔습니다.
윽...
일단 의료진에게 빨리 가시죠. 상처가... 심해 보입니다.
저자는 대체...
조사해봐야겠지만... 한 가지는 확실합니다.
저자는... 바른공화국을 무너뜨리려는 세력이 실존한다는 증거입니다.
헉
대, 대통령님!!

탕
탕
탕
탕
이미 죽은 자입니다.
누가 감히...
하나님이 세우신 나라를 건드려?
그런데 저 녀석만이 아니네요.
오늘 밤에 대통령님뿐만 아니라, 정부 주요 인사들이 죄다 당할 뻔했습니다.

다행히 경찰의 대응이 빨라서
모두 잡았네요.
솔로몬...
예, 대통령님.
계엄령을
선포해야겠다.
절뚝
절뚝

나오라!
군인들이야!!
피융
피융
피융
으악!!
내부에 침입자가 있다.
지원 바람.
뿌숑
빠숑
피융
피융

탁
루이스!
일단 출발해!!
ㅇㅋ
헥 헥
우우웅
!!
!!
피융
피융
피융
팅
슈욱

조금 전, 대통령님 사저에
정체불명의 비행선이 출현했습니다.
치익
이상한 초록머리 여자와
청년 한 명이 침입했었고요.
이 자식들 어떻게
탈출했지...
바른공화국
공격 세력으로 생각됩니다만,
비행선이 순식간에 사라져버려서
뒤쫓지 못했습니다.
흠...
그 비행선이 갈 만한
유력한 위치가 있다.
어디입니까?

그동안 어딘가에는 숨어 있을 것이라고 많은 국민이 생각했던 바른공화국 공격 세력이 결국 머리를 내밀었습니다.
긴급 속보
드디어 드러난 바
공격은 빠르고, 치밀했으며, 대통령을 포함한 정부 주요 인사들이 하룻밤 새에 몰살될 뻔했습니다.
하지만 다행히 경찰은 공격 세력을 모두 사살했으며
저건...
!?
대통령과 재무부 장관이 심한 부상을 입긴 했지만, 정부 인사 중에 사망자는 없습니다.
나랑 같이 고라니 님께 교육받던 친구들이야....

솔로몬 킴 장관이
미리 공격 세력의 동향을 파악해
경찰과 공유한 덕택입니다.
이것이 바로
솔로몬의 지혜?
늘 주시하고 있었습니다.
믿지 않는 사람들도 간혹 있었지만,
저는 늘 바른공화국을 파괴하려는 세력이
있다는 걸 인지해왔고요.
믿을 만한 정보원들을 통해,
그 세력의 동향을 가능할 때마다
수집해왔던 겁니다.
아니, 그럼...
거대한
자작극이네.
살인자...
이 살인자!!!
이 살인자...
흐흐윽...

이제 어떡하지?
계엄령 떨어진 거 보면,
대통령도 고라니한테 속아
넘어간 거 같은데.
시간이 없어...
마모니안들은
곧 지구로 도착할 테고...
이대로라면 지구마저
마모니안들에게 넘어갈 거야.
다들 여기 있어.
뭐어?
벌떡
그 고라니 자식을
없애야 해.
같이 가!
탁

난 네 군사잖아.
씨익
어, 그런데... 굳이 직접 갈 필요 없을 듯?
으응?
군인님들께서 우릴 모시러 오셨음.
두 두 두 두 두
두 두 두 두

쨍
!!
착
착
철컥
피융!

윽!
펑!
거기서 한 발짝만
더 와봐.
주춤
주춤
푸슈우우

하하하하하하 바보 같은 것들,
날 놔두고 가다니! 후회하게 해주마!!
하하하
하하하
근데 내가 혼자서
뭘 할 수 있을까...

다음 날 아침, 라이언 하우스
들어오세요.
똑 똑
좀 괜찮으십니까?
정부 인사들을 공격한 놈들 배후는 밝혀졌습니까?
어젯밤에 바른공화국 공격 세력을 추가로 잡았는데...
제 생각에는 그들이 주동자들인 것 같습니다.
그런데 좀 놀라실 수도 있습니다.
그래요?

대통령님께서도 아시는 자입니다.
내가 아는 사람이라고요?
감옥 면회실
스윽
!
푸욱

아니...
정유민 님??
대통령님...
저도 놀랐습니다.
그냥 작은 종교 단체 하나 운영하는
청년인 줄만 알았는데...
대통령님 사저에서 사살된 놈
시신을 찾으러 왔더군요.
그런 거
아닙니다!
그런 거 아니면 뭡니까?
계엄령까지 떨어진 상황에서
대통령 사저로 침입한 이유가?

또 한 가지.
하아...
슥
대통령님을 암살하려
했던 이자 기억하시죠?
그런데 이 청년...
유민이네교회
신도였습니다.
아니... 이 친구가
어떻게...
이 친구가 어떻게라니?
어디서 모른 척이야?
이,이건
조작이야!!
탕
대통령님,
이 사람 솔로몬 킴,
이 사람이 벌인
자작극입니다!
벌떡!

앉아!
...!
탁
내 마음을 움직인
설교를 한 사람이...
바른공화국을
공격하려는 세력이었단 게
정말 소름 끼치네요.
그리고... 내가 정유민 당신을
설교자로 신임하기 시작했다는 걸,
그날 기독교 교단 대표들이
다 들은 상황인데...

내가 아주 우스운 꼴이 됐네.
하..
이렇게 하죠. 정유민은 주동자가 아니라 아무것도 모르고 설교자로만 이용당한 청년으로 합시다.
?!
그럼 주동자는...
그 원래 유민이네 교회 건물 쓰던 새예루살렘 교주 있잖아요?
아, 금만홍...
엮어봐요. 그리고 정유민 당신은 신도들 전체 명단 넘겨.
협조 잘 하면 당신이 처벌받을 일은 없을 거고
'아무것도 모르고 이용당한' 사람으로 언론에 알려질 테니까.

대통령님 우스운 꼴 면하자고... 절 공격 세력으로 확신하면서도 구해주는 겁니까?
꼭 그런 것만은 아니고.
나한텐 정유민 당신 설교가 필요하니까.
...하하...
대통령님... 기독교인이 뭡니까?
뭐?
대통령님은 기독교인이 어떤 사람이어야 한다고 생각하십니까?

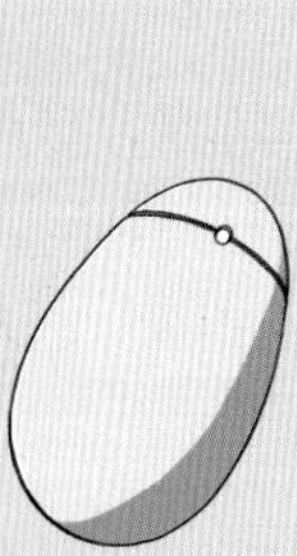

Chapter

15

초기 기독교인들이 겪은 삶의 문제

...지금은 설교 들을 기분이 아닌데.
대통령님께는 '바른공화국'이 우선입니까, 아니면 '하나님 나라'가 우선입니까?
......
무슨 그런 질문이 다 있나?
바른공화국을 위한 것이 곧 하나님 나라를 위한 것이고, 하나님 나라를 위한 것이 곧 바른공화국을 위한 것이지!
그게 바로 국가와 종교를 혼합했던 이들의 대표적인 생각입니다.

어릴 땐 교회에서 바른공화국에 대한 충성 의례를 해도 이상하다고 생각 못 했는데...
요한계시록을 제 친구들과 공부하면서 알게 됐죠.
20세기 초의 독일이라는 나라의 나치 정권... 그리고 1세기의 로마 제국. 종교가 국가를 위해 존재했던 대표적인 사례였습니다.
나치의 인종 정책에 동조했던 개신교 신학자 페저는 이런 얘길 했죠.
교회는 독일 민족을 위해 존재할 때만, 독일 민족을 위해 이기심 없는 봉사를 할 때만 교회일 수 있다.[1]
Karl Fezer, 1891-1960
새로운 국가는 교회이고자 한다.[2]

결국 그 나치에 의해
600만 유대인이 학살됩니다.
이 자식이 바른공화국을
나치와 비교해??
그리고 대통령님,
요한계시록의 일곱 교회 얘기를
좋아하신다 그러셨죠?
그 일곱 교회들 역시...
로마 제국을 위한
종교만이 허락된 상황에서
고통받던 교회들입니다.
초기 기독교는 나라에
충성하는 종교가 될 것을
거부했기 때문에
애국심이 없다고 여겨져서
핍박당했습니다.[3]

그냥 기독교라서
밑도 끝도 없이 핍박당한 게
아니라,
삶 속에서 맞닥뜨려야 하는
많은 문제 앞에서, 초기 기독교인들이
'다른 선택'을 했기 때문이에요.
당시에 로마 제국에 대한
충성 의례가 이뤄지던 곳은
'황제 신전'이었는데,
로마인들은 제국에 대한
자부심 속에서, 자발적으로 신전에
가서 황제 숭배에 참여했죠.[4]
각 도시마다 신전을 중심으로
사람들이 모이니, 신전에 있는 시장 역시
경제 활동의 중심지가 됐고[5]
황제의 신전에 가길 거부하는
기독교인들은 당연히 사고파는 일을
하기가 점점 어려워졌죠.[6]

그게 서머나 교회에 '환난과 궁핍'이 발생할 수밖에 없었던 이유였고.[7]
그러한 현실 때문에 버가모 교회와 두아디라 교회는 제국에 순응하라는 유혹에 걸려 넘어진 이들이 있었고.[8]
라오디게아 교회는 제국에 대해 그냥 순응해버리게 되었던 거죠.[9]
지금 바른공화국은… 당시의 로마 제국과 별로 다를 게 없습니다.
바른공화국에 충성하지 않는 이들은 억압당하거나, 추방됩니다.
HELP
바른공화국에서는 기독교인들조차도

바른공화국의
탄탄한 국방력, 발전을 거듭하는
경제력과 기술력에 대한
자부심이
예수를 따르는
일에 대한 자부심보다
훨씬 큽니다.
로마 제국에서
노예, 여성, 아동들을 보호하려고
애쓴 거의 유일무이한 존재가 바로
'초기 기독교인들'이었는데[10]
지금의 기독교인들에게는...
노동자들이 겪는 착취, 여성과 아동들이
겪는 폭력과 차별은 별 관심 없는
문제가 되었습니다.
지금 바른공화국의 기독교인들은
그 삶의 방식에서, 초기 기독교인들과의
공통점 자체를 찾기가 힘듭니다.
대체 어쩌다가
기독교가 이렇게
된 걸까요?

테러범의 궤변은
그만 들으시죠.
시간 아까운데.
......
대통령님, 아직 답을
못 들었습니다!
기독교인은
어떤 사람이어야 합니까?

탁
엄마...

이틀 뒤
48시간의 치열한 연산 결과,
이게 최상의 선택이다!
......
칫. 아무도 안 오네...
그래도 오늘이 모임 날인데...
에잉 쯧쯧
끼익
욱

어.
내 계산은
틀리지 않았다!
방
끗
아니, 어떻게
다 오셨네.
오늘 밤부터 태풍이
제대로 몰아닥친다고 하는데
컨테이너나
판잣집에 사는 분들은
피할 곳이 없어서... 여기로
다 모시고 왔어요.
그렇네요.
오늘 밤부터
큰 피해가
생기겠군요.

근데 이 건물은 안전한 게 맞나요?
금만홍이 건물 하나는 엄청 튼튼하게 지었다고 알고 있습니다.
근데 정유민 님은 어떻게 되신 거예요?
그게...
라이온 하우스

이건 대체 어떤 원리로
작동하는 거지...
흠..
우웅
슥
뭡니까? 금만홍 당신은
아웃이라고 했을 텐데.
그때 놈들을
놓친 건 정말 어쩔 수
없었습니다...
위잉
양자 이동 같은 걸 하고
레이저 건을 쏴대는데
뭘 어떡합니까?

근데 지금 그게 문제가 아니고... 좋은 기회가 포착되어서 연락 드린 겁니다.
무슨 기회요?
'유민이네교회' 신도들이 그 이상한 냉장고랑 같이
새예루살렘 건물에 다 모여 있습니다.
그래요?
화색
상황 잘 주시하고 계세요. 특수부대 투입 요청할 테니까.
벌
떡
예예.
테러범으로 잡혀 들어갔습니다
엥?
테러범이요??
말도 안 돼요. 유민 님이 왜?
그런데 유민 님이 테러범이 된 거면...

저희는
테러범의 신도들이
되는 건가요?
그래... 날 배신한
대가를 이제 치러라.
흐흐
이 테러범의 신도들아.
두 두 두 두 두
철컥

덜컥
테러범과 함께한 신도들이 지금 다 모여 있습니다.
……
정유민을 테러범으로 언론에 발표할 수 있게만 해주십시오.
'유민이네교회'라는 테러 집단을 처리하는 일에 국민적 공감대가 형성되어야

대통령님께도
부담이 덜 하실 겁니다.
바른공화국을 위하는 게…
하나님 나라를 위한 일인가…
자꾸 그 질문이
맴돌아요.
대통령님…
왜 테러범의
말을 자꾸…
뭐가 맞는 걸까…
국가를 위해서라면
무슨 짓을 해도 상관이
없는 걸까.
지금
시간이 없습니다,
대통령님!
그러고 보니
궁금해지네요.

솔로몬
당신한테는...
'바른공화국'이라는
우리나라가 중요한가요?
아니면 우리가 믿는
'하나님 나라'라는 지향점이
중요한가요?
...
저벅
저벅
나는...
바른공화국을
위해서라면, 우리나라를
위해서라면...

예수 목에
개목걸이를 채워서라도
질질 끌고 다니면서
이용할 수 있어.
그게 내 신념이고,
그게 내 신앙이야.
푹
내 말 이해했으면,
정유민을 테러범으로 발표하는 거
승인해.
지금 당장.

1 Hans K. Bauke, *Positives Christentum in den Reden der fuehrenden Maenner*(Gnadenfrei, 1935), 24-25; 추태화, 『권력과 신앙: 히틀러 정권과 기독교』(씨코북스), 85-86에서 재인용.

2 Hans K. Bauke, 같은 글.

3 L. F. Janssen, "'Superstitio' and the Persecution of the Christians," *Vigiliae Christianae*, Vol. 33, No. 2, 1979, 133; 최종원, 『초대 교회사 다시 읽기』(홍성사), 101에서 재인용.

4 이병학, 『요한계시록: 약자를 위한 예배와 저항의 책』(새물결플러스), 46-47.

5 이병학, 같은 글.

6 이병학, 같은 글.

7 요한계시록 2:9; Michael J. Gorman, 『요한계시록 바르게 읽기』(새물결플러스 역간), 187-88.

8 요한계시록 2:14, 20; Michael J. Gorman, 같은 책, 188-89.

9 요한계시록 3:15-17; Michael J. Gorman, 같은 책, 191-92.

10 최종원, 같은 책, 91-92.

Chapter

16

일상에 질문을 던지는 책

!!
탁
승인 안 할 거니까,
그냥 쏴.
멍청한
새끼!!
퍽
털석

대통령께서
아직 부상에서 회복이 되지
않으신 상태라,
제가 나왔습니다.
장관님,
중대한 소식이라는 게
뭐죠?
최근 며칠 새에
온 국민을 불안하게 했던
바른공화국을
공격한 세력의 주동자를
저희가 잡았습니다.

그의 이름은...
'정유민'
테러를 실행하기 위해
사이비 종교 신도들을 포섭하여
자기 세력으로 삼았으며
실제로 그중 한 명은 대통령을
암살하려 한 자로 밝혀졌습니다.

대통령님?
괜찮으십니까?
허억...
지금
솔로몬 장관이 테러범을
발표하고 있습니다.
안 돼...
대,대통령님!!
후다닥
이제 정부는, 정유민을 따라
이 나라를 망하게 하려던 남은
세력을 단 한 명도 빠짐없이
소탕할 것입니다.
라이온 하우스 옥상

왜 여기서 면회를…
…엥??
두 두 두 두 두 두
이리로
데려오세요.
두 두 두 두
빨리!!
두 두 두 두
대통령님, 이건…
안 됩니다.
형이 왜 여기서 나와?
뛰자.
소닥

두 두 두 두
!!
후다닥
이 자식들이!!
두 두 두 두
야악!!!!
jump
두 두 두 두
헥 헥
뭐가 어떻게 된 거죠?
길게 설명할 시간은 없고, 일단 지금 새예루살렘 건물로 가야 돼요.
정유민, 당신 신도들이 다 몰살당하게 생겼다고.

!
!
!
가서 뭘
어쩌려고요?
막아야죠,
어떻게든!!
그러니까
어떻게 막냐고요?
할 수 있어요.
김단 씨랑 대통령님은
유민이 자취방 옥상에 가 계세요.
저희만 새예루살렘에서 내릴게요.
탁
어떻게 하려고요...?
?
유민

벌컥
정유민 님!
나오라!!
모두 손을 서로 맞잡으세요.
지금 당장!
???

돌발상황. 돌발상황.
테러범 정유민이 한 여성과
함께 진입했다.
새예루살렘에
진입한 전 인원, 정유민까지
포함해서 모두 사살해도
될지, 대통령께 여쭤봐
주십시오.
뭐라고요??
국방부 장관
대통령께서...
승인하셨습니다.
알겠습니다.
할 수 있지?
후우.......
전원 사살 승인
철컥
철컥 철컥
철컥 철컥
철컥

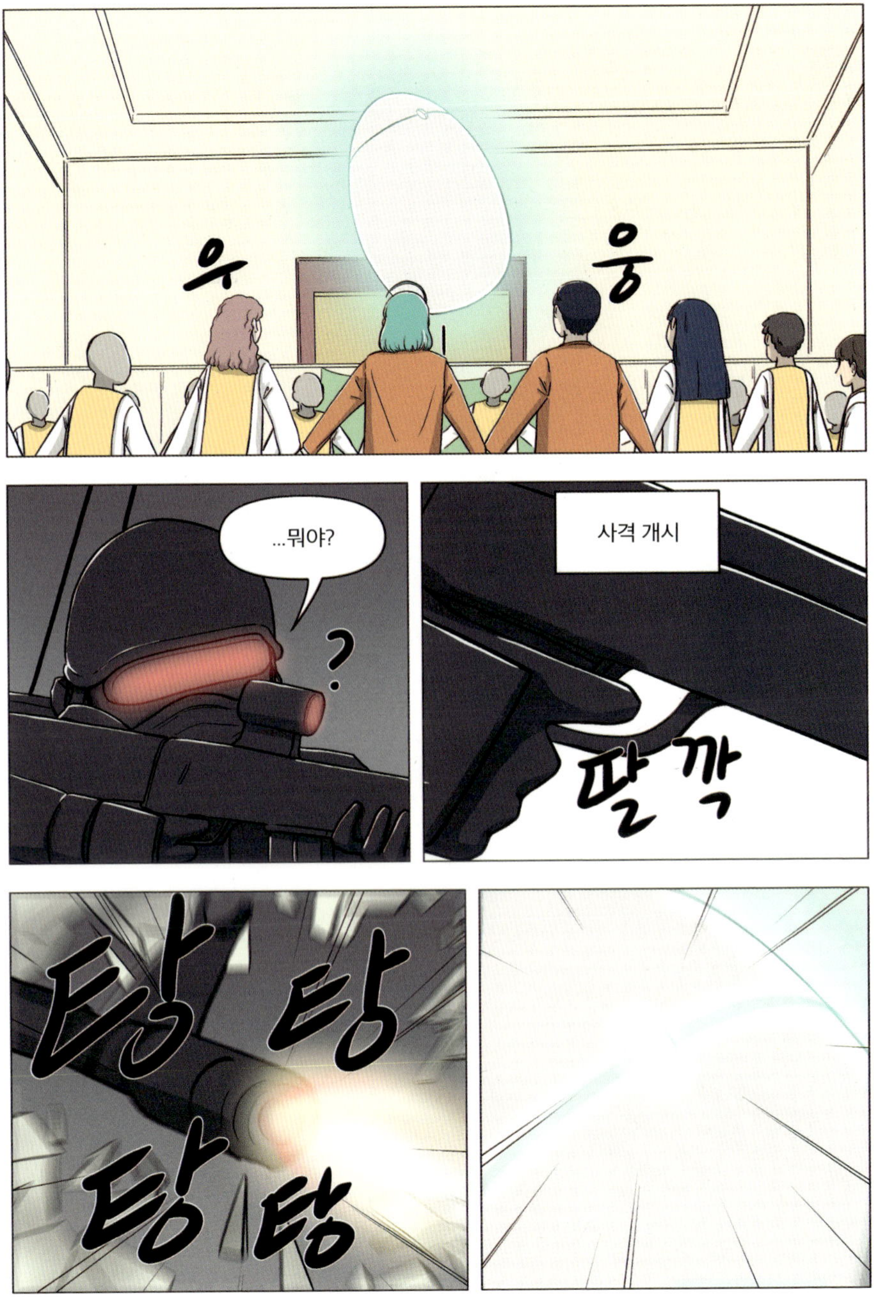
우
웅
...뭐야?
?
사격 개시
딸깍
탕 탕
탕 탕

탕
탕
탕
탕
슈웅
탕
소옥
탕
탕
슈웅
탕
소옥
슈우웅
탕
탕
탕
탕
탕
탕
탕
쾅!!
!?
스윽
루이스!!

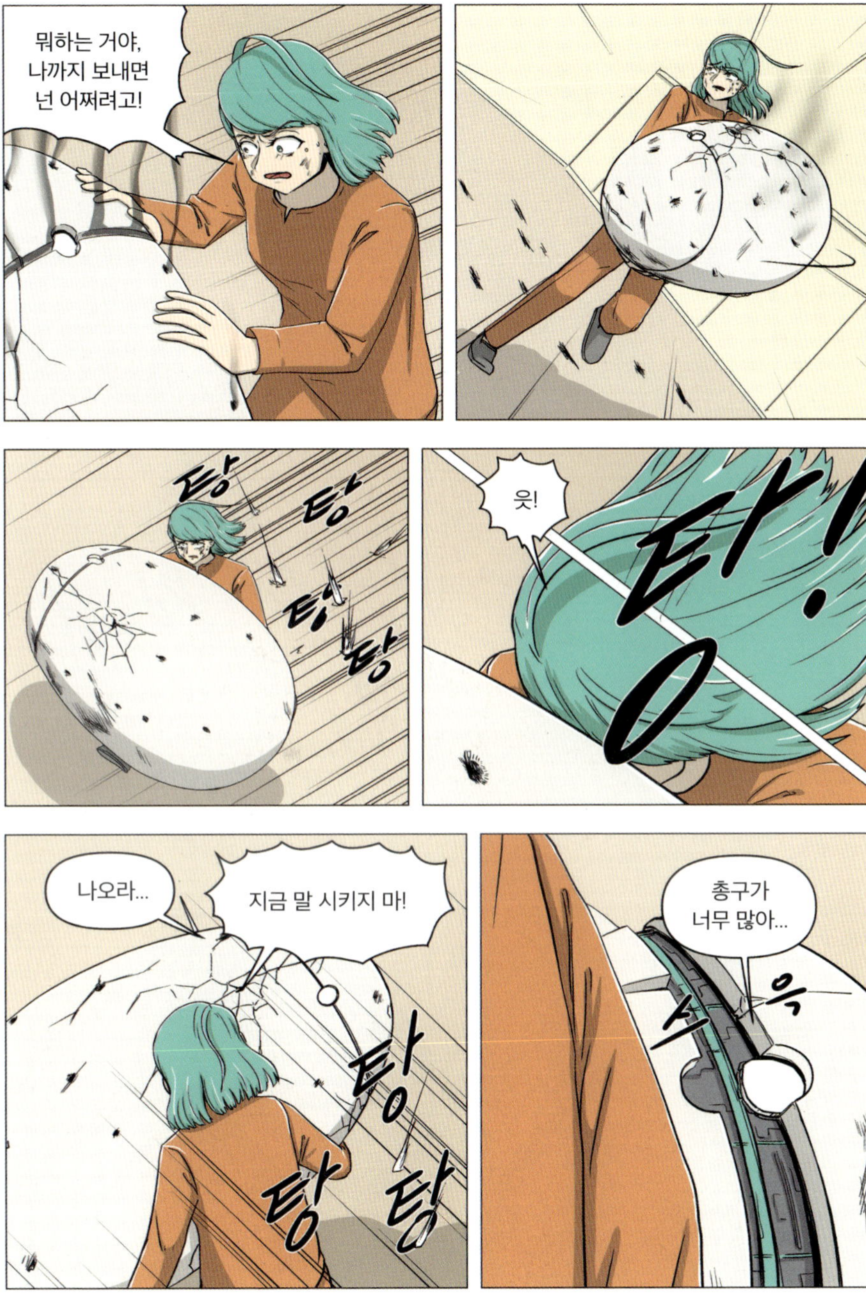
뭐하는 거야,
나까지 보내면
넌 어쩌려고!
탕
탕
탕
탕
웃!
타!
나오라...
지금 말 시키지 마!
탕
탕
탕
총구가
너무 많아...
스윽

철컥
철컥
철컥
스륵
탕 탕 탕 탕 탕 탕
쾅!
이야... 이러니까 꼭...
지직
내가 주인공 같네...
지직

웅성
웅성
괜찮아??
어떻게 된 거야?
루이스를...
루이스를
구하지 못했어...
주륵

스윽
어이 대통령.
예?
당신 헬기로 이 사람들 좀 어디 안전한 곳에 데려다 줘.
그렇게 하죠.
슥
너 내가 뭐하러 가는지 알지?
고라니 끝장내러 가는 거지.
멈칫

사람 죽이는 일이야.
기독교인인데 괜찮겠어?
기독교인은 짐승과
싸우는 사람들이기도 해.
계시록 안 읽어봤어?
갖다
붙이기는 ㅋ
WARNING
마모니안들이
지구로 진입했어.
뭐?
복음호
Gospel Lake
꾹
여기야 '복음호',
여기로 가자.
마모니안들이랑
마주치려고??

마모니안들을
맞이하러 고라니 그 자식이
여기로 가 있을 거니까.
복음호
그래서 지금
한 놈도 못 잡았다는
건가?
그... 냉장고 녀석은
처리를 했습니다만
지금 냉장고가
문제야??
결국 찾아낼 겁니다.
시간 문제입니다.

휙!
당
퐁
당
퐁
난 지금이어야 한다고...
부들
부들
테라페이아에서 온 그 초록머리
여자애를 마모니안 님들께 선물로
드리려 했더니...
여깄네.
철컥
그 초록머리 여자애.

아니... 대체
어떻게...
뭘 어떻게...?
나 군인이라고
말 안 했었나?
하나만 물어보자.
대체 마모니안들을
지구로 불러들여서
뭘 하려는 거였어?
슈우우우우
!!

처벌의 장소.
뭐?
지구는... 마모니안 님들의 '자유 우주개발주의'를 따르지 않는 반사회적 폭도들을 가둬둘
감옥 행성이 될 거야!
휘 이 이 잉
빨리 끝내버려 나오라!!
크윽
위 이 잉

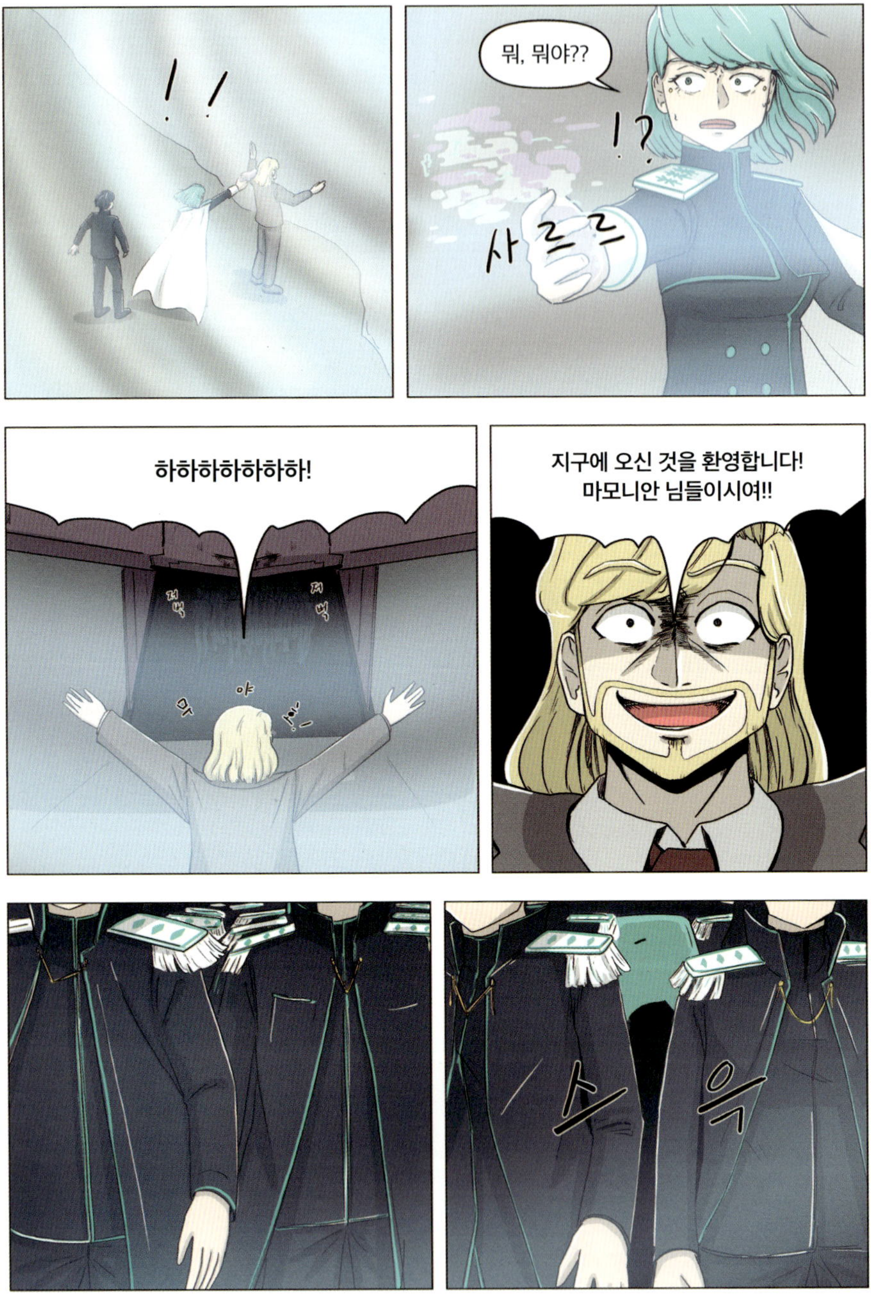
! !
뭐, 뭐야??
!?
사르르
하하하하하하하!
저벅
저벅
지구에 오신 것을 환영합니다!
마모니안 님들이시여!!
스윽

...어?
?!
!!
두
둥
엄마...?

엄마가...
어떻게...?
누구..?
눈치챙겨
후다닥
와락
엄마...
우리 딸...
그래서, 지구에서
사람들은 좀 구했니?
아니...
슥
완전 망했어.
헤헤

엄마야말로 어떻게 지구로 온 거야? 다리는 다친 거야?
천천히 얘기해줄게.
아... 안녕하세요.
여기 있는 동안 제일 많이 도와준 친구야. 정유민.
고마워요.
당신들 뭐야? 마모니안 님들을 어떻게 한 거야??
저는 테라페이아 행성의 인류 정착촌 대표, 테클라입니다.
테...테라페이아??
짜잔
아니, 테라페이아는 분명 마모니안 님들이...

이 사람은, 마모니안들에게 지구를 넘기려고 한 아주 나쁜 사람이고.
그래서 아까 죽이려고 한 거니?
이 사람 땜에 무고한 사람들이 학살당할 뻔했어...
루이스가 파괴되었단 말이야...
루이스가 죽었구나...
루이스가 종종 보내줬어.
뭘?
너희들이 공부해가던 고대 문서 이야기들.

요한계시록이요?
그루
떡
세상에 존재했던
많은 제국은
'폭력'으로 세상을
구원하려 했지만
그 고대 문서에 나오는
'어린양'이라는 존재는
'폭력을 견뎌냄'으로써
세상을 구원하더구나.
그 부분만큼은
말이 안 된다고 생각했어.
폭력을 견디는 걸로 어떻게
세상을 구원해?
내가 마모니안들에게
폭력으로 맞섰다면...

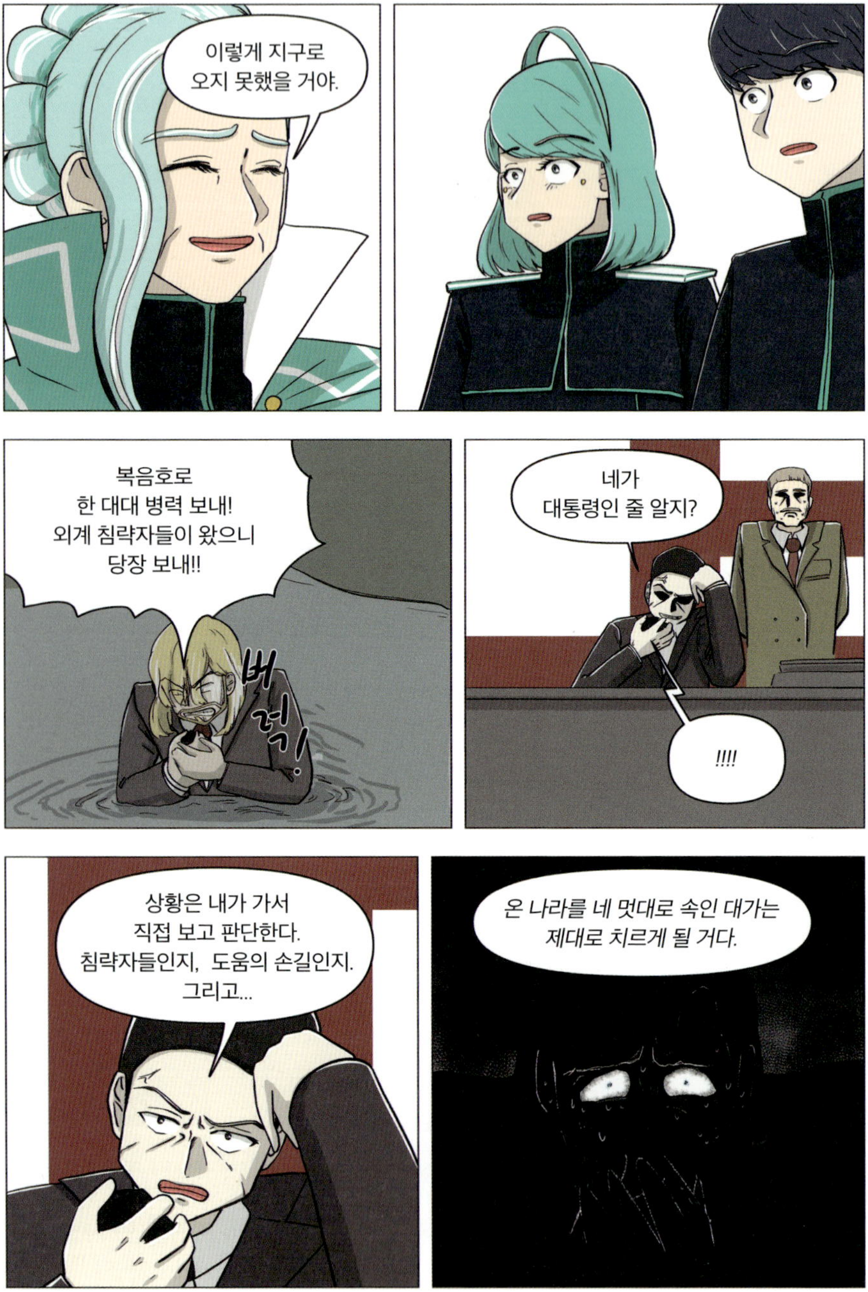
이렇게 지구로
오지 못했을 거야.
복음호로
한 대대 병력 보내!
외계 침략자들이 왔으니
당장 보내!!
버럭!
네가
대통령인 줄 알지?
!!!!
상황은 내가 가서
직접 보고 판단한다.
침략자들인지, 도움의 손길인지.
그리고...
온 나라를 네 멋대로 속인 대가는
제대로 치르게 될 거다.

마모니안들은
테라페이아인들을
자신들의 산업에
노동자로 투입했어.
그리고 모두가 마모니안들이 개발한
자율주행 드론을 타고 출퇴근을 해야 했지.
우리는 그걸로 저항을
해보기로 했어.
월요일에는 드론을 타지 않기로 한 거야.
MON
No Drone Day
마치 오래전 지구에서 벌어졌던, 인종
차별에 저항한 버스 보이콧 운동처럼...

그리고 마모니안들에게 점령당한 다른 인류 거주 행성들에도 그 저항 방식을 알렸지.
그래서? 어떻게 됐는데?
인류 거주 행성 거의 대부분의 노동자가 참여했어. 그리고...
마모니안들의 운송 회사들이 엄청난 경제적 타격을 받기 시작했지.
돈이 삭제가 된다고..?
야.. 드론 유망주라며..?
내가 주동자라는 게 알려져서, 화가 난 마모니안들은 날 걷지도 못하게 만들어버렸고...
걸어서 출퇴근하는 노동자들을 방해하기 위한 뜬금없는 도로공사,
아 공사중이라고 ㅋㅋ
꼬우면 드론타든가~
심지어 폭탄 테러까지 일어났지만
쾅!
예술은 폭발이지

우리 중 누구도 포기하지 않았어. 견뎠지.
결국 마모니안들은 경제적 타격을 두 달도 채 견디지 못했어.
...
그들이 '자유 우주개발주의' 원칙을 모든 행성에 강요하는 걸 포기하고
어머, 고마워라~
제발 도움만 해주세요...
많은 행성이 자연과 공존하는 방식을 다시 시작할 수 있게 됐지.
난 말이 안 된다고 생각한 걸... 엄마는 해냈구나.

이윽고 대통령이
도착했고,
대통령과 나오라의 어머니 테클라는
꽤 오랜 시간 동안
지구를 놓고 대화를 나누었다.
대통령은 지구가 회복 불능의
상태라는 것을 어렵게 받아들였고
테클라가 계획해온, 지구인들의 테라페이아로의
단계적 이주 플랜에 어느 정도 동의했다.
아마 받아들이기
어려워하는 사람들이
더 많을 겁니다.

바른공화국과, 공화국 바깥의
수많은 지구인을 설득하는 과정이
쉽지는 않겠지만...
저는 설득이
다 끝나고
제일 마지막에
테라페이아로
가겠습니다.
이건 뭐야?
전리품이래
너는 이제... 갈 거지?
테라페이아로?

넌 안 갈 거야?
나도 대통령님이 지구인들 설득하는 거 좀 돕고 싶어서.
그래. 그게 맞겠다.
그동안 재밌었어.
스윽
야.
멈칫

네 군사는
끝까지 지킨다면서...
버리고 가냐?
그렇게 살지 마라~
꼭 지금 바로 가야 하는 것도
아니면서~
하, 정말...
성큼
성큼
나 테라페이아 가서
할 일 많아. 재건하고 있을 테니
엄마가 맡길 일도 많을 거고.
그러니까 말 그렇게
꼬아서 하지 말고
!
휙

내 맘에 와닿게,
예쁘게 말해줄 수 없어?
난…
네가 필요해…

미래 예언집 정도로 생각했던
요한계시록은
사실 우리의 모든 일상에
질문을 던지는 책이었다.

계시록이 그려내는 '온 세상을 취하게 하는 술잔'에는[1]
사람들을 착취해서 굴러가는 로마 제국 경제 시스템의 결과물들이 가득 담겨 있었다.
그 술잔에서 나와야 한다.
나의 일상과 소비활동이 택배 기사들의 밤낮없는 과로를 일으키고
노동자들이 착취당하고 산업재해로부터 보호받지 못하는 시스템을 유지시키며
여성을 착취하는 성산업을 더 강화하는 데 일조하고

자연과 동물들을 파괴하는 데
사용되고 있다면
거기서 나와야 한다.
스윽
부활이 이런 느낌임?
짠!

루이스!!
와락!
"내 백성아"
"거기서 나와"
"그의 죄에 참여하지 말고"
"그가 받을 재앙들을 받지 말라"²

주

1 요한계시록 17:2-4.

2 요한계시록 18:4.

2020년 4월부터 약 1년 가까이 김민석 작가님과 함께 연재했던 이번 뒷조사 시리즈의 장르는 공상 과학물이다. 처음엔 그림만 그리면 된다는 생각에 그리 어렵지는 않을 것이라는 안일한 마음으로 작업에 임했다. 하지만 한 화를 그릴 때 시간을 어떻게 분배해야 할지, SF적 요소는 어떻게 표현해야 할지, 계시록을 설명하는 컷은 어떻게 표현하고 맞춰가야 할지 등등 신경 써야 할 게 무척 많았고, 모든 것이 쉽지 않은 도전이었다. 매화 작업할 때마다 새로움과 어려움을 동시에 느끼면서 만화를 너무 쉽게 생각했던 지난날을 반성하기도 하였다. 하지만 이런 저런 어려움에도 그림을 그릴수록 작품에 더 몰입할 수 있었고 즐겁게 작업했다. 김민석 작가님의 조언과 격려 덕분에 끝까지 잘 마무리할 수 있었던 것 같다.

요한계시록은 쉽게 다가가기 참 어려운 책이다. 어렵고 다양한 비유들로 이루어져 있어 많은 사이비 종교에서 교리로 사용하는 책이기도 하고, 미래와 종말을 다루는 듯한 내용이 흥미롭지만 읽다 보면 나와는 그다지 관련 없다고 생각돼 막막하게 느껴지기도 한다. 많은 그리스도인이 사이비 종교들의 계시록 해석에 문제가 있다고는 생각하지만, 막상 계시록이 무슨 내용이냐는 질문에는 잘 대답하지 못한다.

이 작품은 요한계시록을 조금은 가깝게 느끼게 해줄 것이다. 계시록을 해석하는 데만 급급하지 않고, 그 해석이 우리의 삶에도 의미를 줄 수 있다는 것을 말하려고 노력했다.

우리는 이 세상에 살면서 많은 문제를 본다. 이해하기 어려운 악을 바라보는 것만으로도 굉장히 피로하다. 모른 척 방관하고 싶은 마음도 크고, 실제로 내가 이런 문제들에 맞서 무엇을 할 수 있을지도 모를 때가 많다.

이런 상황에서 유민이가 대통령에게 외치는 "그리스도인은 어떤 사람이어야 합니까?"라는 질문은 내가 세상에 던져야 하는 물음이자 나 자신에게 던져야 하는 물음이기도 하다. 나는 우리가 그리스도인으로 아직 이 세상에서 할 수 있는 일이 있다고 생각한다. 나오라의 대사처럼 이 책의 지식이 단순히 스스로 만족하는 데서 그치지 않고 실현 가능한 무언가가 되기를 기대한다.

에끌툰에서 연재하는 동안 이 작품과 함께 해주신 독자님들께 감사의 인사를 전한다. 새물결플러스 김요한 대표님과 이 작품을 내는 데 힘써준 직원 한 분 한 분께 큰 감사를 드린다. 함께 작업할 수 있는 기회를 주고 많은 도움을 준 김민석 작가님께도 진심으로 감사드린다.

무엇보다 독자 여러분이 만화를 즐겁게 감상하셨으면 좋겠다. 요한계시록이 이전보다 조금은 더 친근해지고, 일상을 이전보다 조금은 다른 시선으로 바라보는 데 이 책이 도움이 되기를 바란다.

2021년 5월

최대위

요한계시록 뒷조사

우리의 세계와 일상을 재창조할 것을 촉구하는 책

1쇄 발행 2021년 5월 24일
3쇄 발행 2023년 8월 24일

지은이 김민석·최대위
펴낸이 김요한
펴낸곳 새물결플러스

편 집 왕희광 정인철 노재현 이형일 나유영 노동래
디자인 황진주 김은경
마케팅 박성민
총 무 김명화 이성순
영 상 최정호 곽상원
아카데미 차상희

홈페이지 www.holywaveplus.com
이메일 hwpbooks@hwpbooks.com
출판등록 2008년 8월 21일 제2008-24호
주 소 (우) 04114 서울시 마포구 신촌로28가길 29
전 화 02) 2652-3161
팩 스 02) 2652-3191

ISBN 979-11-6129-201-4 07230

책값은 뒤표지에 있습니다.